"导师思政"
探索与实践案例选编
—— 以大连理工大学研究生优秀导学团队为例

◆ 主　编　王志伟　张远航

大连理工大学出版社
Dalian University of Technology Press

图书在版编目(CIP)数据

"导师思政"探索与实践案例选编：以大连理工大学研究生优秀导学团队为例 / 王志伟，张远航主编. -- 大连：大连理工大学出版社，2022.12
ISBN 978-7-5685-3935-7

Ⅰ. ①导… Ⅱ. ①王… ②张… Ⅲ. ①研究生—思想政治教育—案例—中国 Ⅳ. ①G643.1

中国版本图书馆CIP数据核字(2022)第178913号

"DAOSHI SIZHENG" TANSUO YU SHIJIAN ANLI XUANBIAN——YI DALIAN LIGONG DAXUE YANJIUSHENG YOUXIU DAOXUE TUANDUI WEILI

大连理工大学出版社出版
地址：大连市软件园路80号　　邮政编码：116023
发行：0411-84708842　邮购：0411-84708943　传真：0411-84701466
E-mail：dutp@dutp.cn　　URL：https://www.dutp.cn
大连图腾彩色印刷有限公司印刷　　大连理工大学出版社发行

幅面尺寸：170mm×240mm	印张：13	字数：175千字
2022年12月第1版		2022年12月第1次印刷
责任编辑：邵　婉　张　娜		责任校对：齐　悦
封面设计：奇景创意		

ISBN 978-7-5685-3935-7　　　　　　　　　　　　　定价：68.00元

本书如有印装质量问题，请与我社发行部联系更换。

Preface
前 言

  2020年7月，习近平总书记在全国研究生教育会议上作出重要指示，"研究生教育在培养创新人才、提高创新能力、服务经济社会发展、推进国家治理体系和治理能力现代化方面具有重要作用"[1]，孙春兰副总理在会议的讲话中表示要加强导师队伍建设，教育部部长陈宝生随后主持党组会提出，"要切实提高研究生导师'导学导研'意识和能力，要求导师到人才培养一线、思政教育一线、科学研究一线"[2]。会议明确了新时代背景下研究生教育的重要地位，对研究生导师落实立德树人根本任务提出了更高要求。2018年教育部发布的《关于全面落实研究生导师立德树人职责的意见》，也明确指出，"全面贯彻党的教育方针，把立德树人作为研究生导师的首要职责，为实现'两个一百年'奋斗目标、实现中华民族伟大复兴的中国梦，培养德才兼备、全面发展的高层次专门人才"[3]，并为研究生导师立德树人职责的落实提供了指导思想和总体要求。

  研究生是国家的宝贵资源，是我国高层次专门人才和创新人才的主要来源，是科教兴国和建设创新型国家的未来生力军和中坚力量。"研究生教育是我国国民教育体系的顶端，是培养高层次专门人才的主要途径，是国家人才竞争的重要

---

1 教育部政府门户网站.深入学习贯彻习近平总书记关于研究生教育工作的重要指示精神，2020-08
2 教育部政府门户网站.加快推进新时代研究生教育改革发展，2020-07-30
3 教育部政府门户网站.教育部关于全面落实研究生导师立德树人职责的意见，2018-02-09

支柱，是建设创新型国家的核心要素"[1]。研究生导师作为研究生培养的关键力量，肩负着培养国家高层次拔尖创新人才的使命与重任，研究生导师育人职责履行如何、立德树人使命达成情况如何，直接决定着研究生的思想政治素质和道德水平，关系到未来社会主义方向和国家的兴衰存亡。从各个维度上讲，研究生导师都是开展研究生思政教育的最主要、最适宜角色。在主客体关系维度上，研究生导师对学生负有教育引导之责，学生对导师怀有尊重敬佩之情，导师是学生思想和行动的楷模，对学生进行思政教育具有天然优势；在作用条件维度上，研究生在校学习期间，导师与学生相处时间最长、互动形式最多，对学生的影响最直接、最便捷；在作用效果维度上，对人的教育本身即综合性的系统工程，任何教育内容脱离其他关联内容而独立存在，难免单调枯燥、效果不佳，研究生导师将理想信念教育、学术科研教育、道德修养教育等有机结合、相融相促，以达到效果最佳的完整的人的教育。

由此可见，研究生导师对学生的影响是直接、深入和全方位的。因此，不断挖掘和深化"导师思政"工作内涵，是切实推动研究生导师落实立德树人职责的有效途径，是当下提升研究生培养质量的题中之义。

一、"导师思政"的发展与内涵

"导师思政"的形成和发展经历了萌芽、形成、确立与发展四个阶段。新中国成立后，1953年高等教育部发出《高等学校培养研究生暂行办法（草案）》，后又明确向苏联学习实行导师制，这也是我国研究生教育中导师职责的起步与萌芽。1978年，我国恢复招收研究生，随着国家对于教育和人才工作的重视，研究生教育进入恢复与规范化发展的阶段。研究生导师作为高校教师及知识分子的一部分，其地位、职责也在"文革"之后进入了恢复与发展期，立足科学研究工作培养研究生的导学模式初步形成。党的十八大之后，以习近平同志为核心的党中

---

[1] 教育部政府门户网站.教育部关于全面落实研究生导师立德树人职责的意见，2018-02-09

央高度重视高等教育工作，中国特色社会主义进入新时代后，教育部于2018年下发《教育部关于全面落实研究生导师立德树人职责的意见》（以下简称"意见"），明确研究生导师是研究生培养的第一责任人，负有对研究生开展思政教育之责，立德树人作为研究生导师的首要职责被正式确立并不断发展。[1]

在"导师思政"不断发展的过程中，其逻辑理路也逐渐清晰。理论逻辑上，"导师思政"是对马克思主义人本理论的继承。马克思主义关于人的全面发展的理论中，人的个性自由发展和人的素质的提高是人的全面发展理论的重点，"导师思政"将研究生导师的主责主业聚焦到人才培养、人生引领上，是对马克思主义人本理论的继承和延续。文化逻辑上，"导师思政"是对中华传统文化中师德师道文化的发展。师德师道是中华优秀传统文化的重要组成部分，"四有"好老师的标准，就是《论语·述而》中"志于道，据于德，依于仁，游于艺"的现代诠释，"导师思政"聚焦于"传道授业"，是对教师责任的遵循，更是对中华优秀传统文化的转化与发展[2]。时代逻辑上，"导师思政"是对新时代人才培养目标的基本遵循。中国特色社会主义进入新时代后，《中华人民共和国教育法》根据党的教育方针进一步明确规定，"教育必须为社会主义现代化建设服务、为人民服务，必须与生产劳动和社会实践相结合，培养德、智、体、美等全面发展的社会主义建设者和接班人"[3]，这是教育的根本任务，是新时代的人才培养目标。"导师思政"是从时代维度对党领导下社会主义国家人才培养目标的基本遵循。实践逻辑上，"导师思政"是对中国特色社会主义大学职能的彰显。习近平总书记在全国高校思想政治工作会议上提出，高校具有人才培养、科学研究、社会服务、文化传承创新、

---

[1] 王一，刘宏伟，王新影.论研究生导师立德树人职责的四重逻辑[J].学位与研究生教育，2020(05)：44-49

[2] 王一，刘宏伟，王新影.论研究生导师立德树人职责的四重逻辑[J].学位与研究生教育，2020(05)：44-49

[3] 全国人民代表大会常务委员会关于修改《中华人民共和国教育法》的决定[N].人民日报，2021-04-30（004）

国际交流与合作五项职能。在实施人才培养的多方力量中，研究生导师因其在德业水平、科研能力、成果转化能力、文化育人以及国际化人才培养等方面的综合性优势，可以将思政教育融合贯穿于人才培养的全过程、各环节，可以落实和彰显全部大学职能的专门力量，因此"导师思政"从实践维度体现了大学的特点和优势，更是对大学职能的深度诠释。[1]

由此可见，"导师思政"充分发挥研究生导师在人才培养中的优势，突出导师在研究生思想政治教育中的重要主体作用，让研究生导师的育人工作更加完整、更有内涵、更具生命力，是对研究生导师立德树人这一根本任务的具体实践和生动诠释。

二、大连理工大学"导师思政"的探索与实践

大连理工大学是中国共产党在新中国成立前夕，面向新中国工业体系建设亲手创办的第一所新型正规大学，与祖国同龄，具有与生俱来的红色基因。根据意见要求和全国教育大会、全国研究生教育会议等会议精神，大连理工大学紧密结合学校实际，在研究生导师履行立德树人使命、落实第一责任人职责、强化思想政治教育责任上守正创新，全面发力，积极推进"导师思政"，探索出一条行之有效的思政教育新路径。

大连理工大学于2017年颁布《中共大连理工大学委员会关于进一步强化研究生导师思想政治教育责任的实施办法》，强调要充分认识导师在研究生思想政治教育中的重要作用，导师负有对研究生进行思想政治教育的首要责任，并通过致导师一封信等方式大力加强政策宣讲，通过"优秀导学团队"评选，以奖励招生名额的方式不断强化导师思政责任。经过多年的不懈探索，逐步构建出了"理论学习导师讲、科研攻关导师带、文化活动导师来、遇到困难导师在"的"四位一体"导师思政工作格局，为进一步凝聚全员育人合力，深化"三全育人"实效，提升

---

[1] 王一，刘宏伟，王新影. 论研究生导师立德树人职责的四重逻辑[J]. 学位与研究生教育，2020(05)：44-49

研究生思政工作质量提供了坚强保障。具体来说，主要包括以下四方面：

一是坚持思想引领。教育引导导师讲理论，不仅更具有信服力和亲和力，对导师的思想政治素质提升也有很大的促进作用。在理论宣讲方面，大连理工大学一方面通过坚持开展"导师带我学理论"加强常规性宣讲，通过"因地制宜学、随时随地学、零散时间学"的灵活方式，充分发挥导师在理论学习中的带头作用和言传身教作用。一方面通过"导师宣讲团"强化主题性宣讲，不断深化形式内涵，深度挖掘研究生导师在研究生党史学习教育中的关键作用，凝聚乐于讲理论、善于讲理论的研究生导师力量，在潜移默化中渗透理想信念教育。同时，大连理工大学着力突出导师在学生党建工作中的重要作用，大力推进师生联合党支部建设，依托教研室、课题组等形式，将支部建在"连"上，目前已组建师生联合党支部55个，50名教师担任支部书记，其中有21名教授、25名副教授。通过党建工作和理论宣讲的深度参与，大连理工大学不断强化研究生导师开展理论学习的意识自觉和能力提升，挖掘出了导师贡献于理论学习的巨大潜能，为导师思政工作格局的发展和完善提供了坚实的基础和保障。

二是聚焦科研指导。科研是研究生的核心工作，引导研究生做红色的科技工作者更是核心中的核心。在科研育人工作中，大连理工大学坚持"科技强国、科研报国"这一目标，围绕"能力提升"和"浓郁氛围"两条主线，着力提升导师科研育人工作实效。在能力提升方面，聚焦全面参与，依托各专业开展互动性强、形式灵活的学术沙龙296期，不断拉近师生距离；聚焦扩宽视野，连续3年举办规模大、层次高的博士生论坛，累计邀请近万名师生参与，创造师生跨学科交流沟通的平台。在浓郁氛围方面，聚焦榜样引领，举办研究生学术科技节，对优秀研究生学术先进典型及指导教师进行表彰；聚焦名师引航，连续12年邀请近200位院士、长江学者等名师做客"名师讲堂"。经过不断探索和实践，大连理工大学"科研攻关导师带"的理念愈发深入人心，"带"的含义从科研指导逐步延伸为科研育人，有了更强的政治性和导向性。

三是活跃文化氛围。校园文化活动是高校以文化人的重要切入点。大连理工大学通过"载体搭建"和"氛围营造"两条主线，将研究生导师纳入校园文化活动，广泛开展"导师+"校园文化活动。在载体搭建方面，大连理工大学通过打通宣传壁垒、制定专项规则等方式，全方位疏通导师参与研究生科技竞赛、社会实践、文体活动的渠道，让导学"同框"的校园文化活动从"难得一见"升级为"喜闻乐见"。在氛围营造方面，大连理工大学广泛开展"导师+"研究生新年晚会、师生"足篮排乒羽网"大赛等活动，制作导师专属参赛纪念奖牌，大力吸引更多的导师与研究生同台竞技、同台演出，在此过程中彼此不断增进了解，营造师生和谐交流的良好氛围。"导师+"校园文化活动以润物细无声的方式融入思政教育，导师这一元素的加入，在参与性和文化性的基础上，为校园文化活动提升了厚重感、立体感和层次感，增添了"思政味儿"，成为"导师思政"一道亮丽的风景线。

四是加强人文关怀。在应急突发、心理问题、就业创业等事件中，研究生导师的应对能力普遍不足。大连理工大学深入贯彻落实"导师第一责任制"，一方面利用新聘任导师培训会等形式加强培训，系统提升研究生导师在突发事件处理、心理健康教育、职业生涯规划等方面的能力；另一方面不断构建导师和辅导员协同育人的体制机制，发布《关于进一步加强新形势下研究生导师、辅导员与研究生谈心谈话的实施办法》，明确规定导师和辅导员要与研究生，尤其是重点关注的研究生进行谈心谈话，要对有困难的研究生进行一对一帮助和引导，加强关心关怀，及时化解风险隐患。同时辅导员也要定期与导师沟通，就研究生思想动态调查结果和心理测评结果的处理形成共同意见，不断形成导师和辅导员育人合力。

三、案例选编说明

案例研究方法（Case Study Method）是一种常用的定性研究方法，通过对具体案例的深入分析解读，可以挖掘出共性问题，进而归纳推理至具有一般性和普遍性的研究结论，从而形成对特定研究对象更加深入的认识。

为深入贯彻落实习近平总书记对研究生教育工作重要指示精神和全国研究生

教育会议精神，推动研究生导学团队建设，提升研究生培养能力和水平，进一步强化研究生导师立德树人职责，大连理工大学于2021年开展首届研究生优秀导学团队评选活动，经过基层推荐、网络展示、现场评审会答辩等环节，最终评选出20支具有代表性的导学团队。这20支团队育人理念先进、育人氛围浓郁、育人成效显著，在思政教育、团队文化、科研实力等方面均树立了优秀导学团队的标杆，引领了导学团队建设的"风尚"，对在全学校形成"尊师重教、敬业爱生、教学相长、和谐互助"的导学团队文化起到了积极推动的作用。

本书基于大连理工大学首届研究生优秀导学团队评选材料，深入挖掘导学团队育人实践的思政元素，反复推敲打磨，凝练成果经验，形成20个典型案例，将研究生导师立德树人的价值导向以案例形式展现出来。同时，从20个典型案例中总结归纳"导师思政"的共性特征和一般规律，从理论和实践层面进行问题和对策分析，以求为"导师思政"的探索与实践提供建议和参考，为广大研究生导师开展思政工作及建设优秀导学团队提供理论依据和实践参考。

本书中的每个案例由案例导读、案例文本、案例成效、导师团队寄语、案例分析和延伸阅读六个部分构成。其中"案例导读"主要阐释本案例的典型性和代表性，说明择取该案例的依据和理由，并简单介绍案例主题和核心内容；"案例文本"通过丰富生动的案例内容展现研究生导师履行立德树人职责的情况；"案例成效"主要展示团队中具有代表性的育人成果；"导师团队寄语"是站在研究生导师视角下，对研究生提出期望与要求；"案例分析"是案例研究的重要内容，依据相关理论，结合案例内容和实际情况凝练导学团队建设的核心要义，并进行规律探索；"延伸阅读"既是对案例文本的补充和扩展，也是对案例主题和内容的深化。

本书的20个案例在研究生培养、导学文化建设、科学研究创新等方面均有所建树，特别是在以下四个方面值得借鉴：

（一）教书育人、敬业爱生。本书20个案例中的研究生导师秉持"德才并育，以德为先"的理念，依托研究生课堂、组会、"导师宣讲团""导师带我学理论"活动等平台，坚持思想引领，主动将思想政治教育贯穿研究生培养过程，以仁爱之心给予研究生足够的指导和关怀，切实提高研究生的政治觉悟、道德品质、思想水平、科研能力。

（二）潜心求学、尊师重道。案例中的研究生导师在日常科研学习中以身作则，引导研究生本着科学严谨的态度和求真务实的精神，一心向学、静心做学问，自觉遵守学术道德，维护学术诚信，摒弃一切违背学术道德和学术伦理的行为。

（三）团结互助、和谐共进。案例中的研究生导师想学生所想，急学生所急，解决学生生活困难，缓解学生心理压力，并定期组织研究生开展文艺活动和体育比赛，培育研究生乐观的精神和强健的体魄，进一步构建和谐共进的导学关系。

（四）成果突出、业绩优良。案例中的导学团队成果显著，研究生在团队中得到成长和发展。研究生导师引领研究生瞄准国家战略和社会现实需求，将个人的发展进步与国家和民族的发展需要结合起来，把沉甸甸的家国情怀融入人才培养和科学研究的创新实践中，将论文写在祖国大地上，把学问做进人民心坎里。

本书以案例汇编的形式呈现大连理工大学优秀研究生导学团队的事迹，内容鲜活，可读性强，具有一定的借鉴意义和参考价值。在此感谢大连理工大学研究生思政教育工作系统诸位同仁：苗青、李然、马铭、张睿、李佳泽、梁栋、隋晓妍、李建男、崔弘扬、张弛、周峰、于月滨、张泽远、李晖丹、范秋雨、张天昊、尹春香、王加冕、王子豪、王传泽、于洋等为案例编写提供的帮助和支持！

王志伟

2022 年 7 月

Contents
目 录

案例 1　坚持立德树人，构建和谐导学文化 1

案例 2　聚焦能源战略，传承创新并进，坚守立德树人 10

案例 3　投身国家需求，培育新工科拔尖创新人才 21

案例 4　因材施教育英才，亦师亦友共奋进 33

案例 5　落实"立德树人"根本任务，贯彻以生为本育人理念 42

案例 6　育科研报国导学文化，树使命担当家国情怀 52

案例 7　坚持"服务需求，创新为本"，培育新时代领军人才 60

案例 8　率先垂范树报国之志，因材施教铸栋梁之材 71

案例 9　科教融合坚守教育报国初心，甘为人梯诠释立德树人使命 80

案例 10　打造网格化思想引领体系，凝聚力量助力科研攻关 89

案例 11　厚德励志育化工安全人才，笃学担当助科技自立自强 99

案例 12　立足科研优势，发挥科研育人效能 110

案例 13　培养科研报国理想，厚植深切爱国情怀 119

案例 14　秉承科技报国初心，全方位培养卓越创新人才 128

案例 15　强基础，重德育，培养三有型人才 140

案例 16　坚持立德树人，打造"德业双馨"导学团队 148

案例 17　立足工程项目管理重大需求，践行服务社会使命 156

案例 18　明德厚学，练就栋梁之材 168

案例 19　坚持思想引领，注重文化传承，构建和谐导学文化 177

案例 20　做学生科研之路的好导师和人生旅途的引路人 187

后　记 195

案例 1

坚持立德树人，构建和谐导学文化

◎ 团队名称：高端装备复杂构件智能加工与测试技术团队

◎ 导师组成员：贾振元、王福吉、刘巍、张军、任宗金、马建伟、付饶、张洋

◎ 在读学生成员：博士生 26 人，硕士生 67 人

案例导读

机械工程学院高端装备复杂构件智能加工与测试技术团队，由以贾振元院士、王福吉教授、刘巍教授、张军教授、任宗金教授、马建伟教授、付饶副教授、张洋副教授及多名博士后组成的导师组，和近百名博士、硕士研究生组成。团队以立德树人为根本任务，立足科研报国，致力于科研育人，形成了勇于创新、团结协作的研究生导学团队氛围。团队矢志育人、科技报国的先进事迹被《人民日报》

《光明日报》《科技日报》和中央电视台等主流媒体广泛报道。

多年来，团队教师坚持以立德树人为根本任务，坚守为党育人、为国育才的初心使命，矢志科研育人、科技报国，积极践行并倡导胸怀家国、勇于担当的团队理念，鼓励学生充分发挥勇于担当、吃苦耐劳的精神，积极投身科学研究和社会服务。团队凭借"干活人"的执着，着眼复材构件高性能制造国家重大需求，十年如一日，研发出复材低损伤加工新原理、新工艺、新装备，将我国碳纤维复材构件加工技术水平推进到国际前沿，获2017年国家技术发明一等奖。众多研究成果在国家重点领域的研究所和企业得到转化应用，助力"长五"飞天、C 919大飞机首飞等国家重大科技工程。团队学生在教师的指导下学以致用，组建"精工利刃"师生共创团队，在理论成果的基础上进行国际领先刀具技术的产业转化探索，斩获第六届中国国际"互联网＋"大学生创新创业大赛金奖。

案例文本

团队始终以立德树人作为研究生培养的根本任务，全面贯彻党的教育方针，坚持立德树人，加强中华优秀传统文化教育，引导学生践行社会主义核心价值观，不断增强学生社会责任感、创新精神、实践能力，形成了勇于创新、团结协作的研究生导学团队氛围。

一、持续提高教师修养，强化立德树人的牵引力

团队教师不断加强自身的政治理论学习和师德修养，深入学习贯彻习近平总书记重要指示精神，集体学习黄大年的先进事迹，以黄大年同志为榜样，牢固树立"国家至上、民族至上、人民至上"的信条，胸怀至诚报国的爱国情怀和教书育人、敢为人先的敬业精神，身正为范修师德，无私奉献铸师魂，潜心教学练师功，立德树人树师表，努力为培养担当民族复兴大任的时代新人而奋斗。

团队始终坚持立德树人离不开言传身教，每名教师成员都以过硬的政治素质、高尚的道德情操、严谨的治学态度、踏实的工作作风、乐观的生活态度来严格要求自己，以此来不断提高自身综合素质，使自己成为学生的表率，身体力行地影响和感染学生，尽最大能力履行立德树人的神圣职责。同时，团队教师不断提高自身的学术水平，打造自己的专业功底，努力做到学高为师，进而以学术交流指导为载体引导学生踔厉奋发，笃行不怠。

二、拉近与学生的距离，提高立德树人的覆盖面

团队成员在加强自身道德修养建设的同时，也深刻认识和体会到立德树人是一个润物无声的过程，更多的时候需要发挥情感的纽带作用，即用"情"叩开学生心灵的大门。

第一，搭建常态化交流平台。在学术交流环节，改变以前教师一人主讲的讲评环节，充分尊重每个学生的价值，让学生积极发言，大家敞开心扉讨论学术问题，当教师出现错误的时候主动向学生坦诚，在关键问题上形成集体的共同意见，以保证科学的真实性。团队成员积极主动地通过组会、科研交流以及课余活动深入学生的生活世界当中，去关怀和亲近他们，与他们交朋友，洞悉他们的内心世界，急他们之所急，想他们之所想。

第二，做好思政教育工作。有针对性地解决学生的思想问题、实际问题。针对学生经常会遇到的种种困惑，无论是科研难题、课程学习、就业选择，乃至个人心理和感情问题，导师都能够积极地追踪和捕捉，并结合学生的自身发展规律和社会运行规律，加以循序渐进的正向引导。团队中的导师依托"导师带我学理论"活动平台，定期在大组会、师生联合党日活动中开展精巧的"组会党课"，带领学生共同开展理论学习和研讨，做到导师领学、师生共学，把思政教育做在日常，把立德树人落到实处。孔子说"有教无类"，学生个人情况千差万别，导师团队

对于每名学生在不同学习阶段面临的个性问题和思想倾向，能够做到及时了解，准确把握，从而能够对症下药，切实做好立德树人的一线教育工作。

三、涵育一丝不苟的学术精神，确保立德树人的实效性

团队坚持推动研究生教育适应国家事业发展需要，加快培养国家急需的高层次拔尖创新人才，在研究生培养过程中，团队教师始终重视对科研诚信和学术规范的督导。团队成员从大处着眼，刘巍教授等导师通过规范自己的科研行为，提高自身的科研素养，切实影响研究生的学术态度，从而培养研究生对科学不懈探索的精神。同时，他们从小处入手，导师们要求每名学生对于数据处理、实验过程、写作规范都要做到拿得出、立得住，在日复一日的严格把控下，团队学生已经把求真、求实、精益求精的科学态度内化于心、外化于行。在对学术态度进行正向引导的基础上，团队进一步深化研究生培养内涵，将术业专攻和立德立言立心深度融合，不断提升研究生辨别和批判不正确的学术思想和政治思想的能力。

通过积极探索与深化改革，自 2016 年以来，团队已培养硕士研究生 42 名，博士研究生 10 名，指导学生获得"互联网+"大赛金奖、"挑战杯"省特等奖、"上银优秀机械博士论文奖"金奖等多项奖励。毕业学生多数进入国家一流高校和科研院所、国家航空航天重点单位以及国家新兴战略企业等，不断为中国创造、中国智造贡献力量。

案例成效

1. 2021 年，崔同学、高同学、刘同学等，指导教师：刘巍、张洋、王福吉，第十五届"挑战杯"辽宁省大学生课外学术科技作品竞赛，自然科学类，特等奖。
2. 2020 年，赵同学、刘同学、刘同学等，指导教师：王福吉、贾振元、付饶等，

第六届中国国际"互联网+"大学生创新创业大赛，师生共创组，金奖。

3. 2019年，刘同学，指导教师：贾振元，中国第三届"恒星杯"毕业设计大赛，金奖。
4. 2018年，付同学，指导教师：贾振元、王福吉，中国第八届"上银优秀机械博士论文奖"，金奖。
5. 2018年，张同学，指导教师：刘巍、贾振元，辽宁省优秀硕士毕业生。
6. 2017年，马同学，指导教师：贾振元，大连理工大学第八届"博士生学术之星"。
7. 2016年，赵同学，指导教师：贾振元，中国第六届"上银优秀机械博士论文奖"，佳作奖。
8. 2013年，刘同学，指导教师：贾振元，中国第三届"上银优秀机械博士论文奖"，优秀奖。
9. 近五年（2016届–2020届），累计15人获得优秀研究生毕业生。
10. 近五年（2016届–2020届），累计23人次获得研究生国家奖学金。

导师团队寄语

希望研究生们在科研的道路上，能够不忘道济天下的情怀，将个人发展与祖国进步紧密结合起来，时刻保持创新的意识、强大的意志力和豁达的胸襟，锐意进取，求真求实，为国家的发展进步、为中华民族伟大复兴做出自己的贡献！

案例分析

习近平总书记对研究生教育工作做出重要指示强调，适应党和国家事业发展需要，培养造就大批德才兼备的高层次人才。研究生教育在培养创新人才、提高创新能力、服务经济社会发展、推进国家治理体系和治理能力现代化方面具有重要作用。研究生导学团队作为研究生教育与培养的重要载体，担负着立德树人根本任务，为党育人、为国育才的光荣使命。案例中的高端装备复杂构件智能加工与测试技术团队就是一支具有"尊师重教、敬业爱生、教学相长、和谐互助"导学文化的优秀导学团队，团队构建研究生导学共同体的丰富经验为处理好导师与研究生关系提供了有益启示。

首先，团队坚持提升导师队伍水平与完善研究生培养体系并重，通过打造价值共同体，营造"尊师重教、敬业爱生"的良好导学氛围。2018年1月起，教育部先后出台《教育部关于全面落实研究生导师立德树人职责的意见》《新时代高校教师职业行为十项准则》《教育部关于高校教师师德失范行为处理的指导意见》和《研究生导师指导行为准则》等文件，高端装备复杂构件智能加工与测试技术团队积极贯彻落实系列文件精神，以立德树人为根本任务，在工作中以过硬的政治素质、高尚的道德情操、严谨的治学态度、踏实的工作作风和乐观的生活态度要求自己，并在科研指导、精神引领、情感关怀等方面全面完善研究生培养体系，以培养德智体美劳全面发展的研究生为目标。团队研究生在导师们的言传身教中承继着师道文化，在一次次的学习交流中提升能力，磨砺品格。团队中的导师们定期在大组会、师生联合党日活动中讲党课、学党史，把思政教育做在日常。导师与研究生在日常生活、学术活动中勤于精神交流和思想互鉴，进而结成导学深层次的情感纽带，筑起持久稳固的价值共同体。

其次，团队坚持"四为"方针并瞄准科技前沿和关键领域，通过打造学术共同体，营造"潜心学术、教学相长"的良好导学氛围。研究生教育是国家创新体系的重要组成部分，导师与研究生都是国家发展的重要支撑力量。团队在研究生培养中，重视学生科研诚信和创新能力的培养，在科研项目中始终坚持"从根子上解决问题"的钻研精神和一丝不苟的学术态度。研究活动始终贯穿研究生培养的全过程，因此导师和研究生以科研和学术为主要纽带紧密联系在一起，聚焦共同的研究领域，认同相同的价值准则，导师和研究生不仅是学业上的师生关系，还是创新互补的伙伴关系，正是在教学相长的过程中，让导学能量同频共振。高端装备复杂构件智能加工与测试技术团队聚焦"制约行业发展的卡脖子问题"，在碳纤维复合材料切削理论和加工损伤抑制原理上取得突破。"贾老师很忙，但只要我们有问题，他甚至晚上十点后还会主动找我们讨论。"正是团队中导师和研究生在学术上的这股"较真"劲，形成了吃苦耐劳、勇于创新的学术共同体。

最后，团队坚持推动研究生教育适应国家事业发展需要，加快培养国家急需的高层次人才，通过打造育人共同体，营造"和谐互助、成果突出"的良好导学氛围。团队在研究生培养过程中，既注重专业技能的培养，更注重思想品德、责任担当等品质的培养，在研究生教育工作中引导学生将个人理想与国家社会发展需要紧密结合。高端装备复杂构件智能加工与测试技术团队承担了多项航空航天项目，助力"长五"飞天、C 919 大飞机首飞，通过大项目培养大情怀。团队研究生基于团队实际科研项目，通过团队导师们的悉心指导，分别斩获了 2020 年第六届中国国际"互联网+"大学生创新创业大赛金奖、2019 年中国第三届"恒星杯"毕业设计大赛唯一金奖、2018 年中国第八届"上银优秀机械博士论文奖"的唯一金奖等具有代表性的奖项。自 2016 年以来，团队已培养硕博研究生 50 余名，培养的学生多数进入国家重点高校和科研院所、国家航空航天重点单位以及国家新兴战略企业等，为中国创造贡献力量。团队通过学术研究、社会引领、社会服务等教书育人的具体过程，培养德智体美劳全面发展的高层次拔尖人才，构建起了良好的育人共同体。

延伸阅读

贾老师（贾振元老师）很忙，但只要我们有问题，他甚至晚上十点后还会主动找我们讨论。刚开始跟贾老师搞科研时，贾老师对我强调，要注重创新精神和实践能力，当我思路走偏时，他并不一下否定，而是循循善诱，一步步引导我发现研究中的错误，让我感受到主动研究的乐趣，激发了我的创新意识。

——团队培养的毕业生、现团队成员、教授 马建伟

我们没有什么捷径可走，每走一步必然会被问题卡住，不卡才怪呢！有的实验，做了半年没一点进展，真熬人呢，每天都愁眉苦脸的，特别是我们这些年轻教师，面对的都是从来没遇到的问题。而能让大家坚持下来、走到今天的是团队有个好氛围。正是因为团队氛围好，尽管压力大，但现在想起来，收获蛮大的。

——团队培养的毕业生、现大连海事大学副教授 鲍老师

要多与企业交流，多向企业学习经验，多去企业寻找问题。但是我们不能只解决单一加工或者测量的技术问题，更要从问题的本质入手，深挖科学内涵，给出系统的物理解释，来举一反三，用科学理论来指导技术创新。这是团队老师们对学生们的殷切教诲，既接地气，以国家重大需求、企业实际问题为导向开展科研攻关；又能够拨开技术和经验云雾，追寻科学的真谛。同时，团队老师尊重学生个人意志，结合学生特点和爱好，为其提供难得的机会，给予殷切的指导，激发学生的特长，让学生能够在心情愉悦的环境中成长，寻找属于自己又有利于社会的发展方向。

——团队培养的2017级博士毕业生、现团队成员、副教授 付饶

我们研究的多是航空航天中的基础技术问题，我们的任务就是逾越理论与应用之间的"死亡之谷"，这段距离看似不远，但是异常艰险，我们解决问题的方法绝大多数都死在了这道鸿沟，常常是尝试了很长时间没有任何进展，或是信心满满地探索换来的却是对自己想法的否定。百般煎熬中，多少次想放弃，而我们还能够坚定地走下去，正是因为团队的好平台，学习生活中对我们创新精神和实践能力的培养，老师循循善诱地悉心指导和鼓励。回想起来，虽然如牛负重，身心疲惫，但是收获满满。

——团队培养的 2016 级博士毕业生、现在校博士后 周老师

犹记得刚入学与团队各位老师在新生见面会上的场景，各位老师铿锵有力的发言，至今仍在耳边回响。每每在科研工作中遇到困难、气馁、无助的时候，便会想起老师的那句"青春就是用来燃烧的"，心中便重新燃起了斗志。平日老师给予的帮助远不止此，科研遇到问题时的悉心指导、懒惰懈怠时的善意督促以及犯错迷茫时的理解包容，等等。尽管平日科研的压力很大，却始终让我感受到家一般的温暖，自身能力也得到了锻炼和快速提高。

——团队培养的 2019 级在读博士生 王同学

（马建伟、李然）

案例 2

聚焦能源战略，传承创新并进，坚守立德树人

- 团队名称：天然气水合物与二氧化碳资源化利用导学团队

- 导师组成员：宋永臣、刘卫国、张毅、刘瑜、王大勇、赵佳飞、杨明军

- 在读学生成员：博士生41人，硕士生52人

案例 2　聚焦能源战略，传承创新并进，坚守立德树人

案例导读

天然气水合物与二氧化碳资源化利用导学团队隶属大连理工大学能源与动力学院、动力工程及工程热物理学科，成立于 2004 年。研究团队现有教授 10 人，副教授 4 人，高级工程师 1 人，讲师 1 人。组建大团队、搭建一流平台、承担大项目、产出大成果、解决国家急需、培养人才服务社会是团队的发展宗旨。

宋永臣教授领衔的导学团队以立德树人为根本任务，以学校"双一流"建设，培养德才兼备且具有国际视野的高层次拔尖创新人才及高层次应用型拔尖创新创业人才为目标，以协同育人理念下能源动力"新工科"创新人才培养模式的建设与实践为契机，通过本硕课程贯通、跨学科课程体系构建，帮助研究生形成了坚实的理论功底；以需求为导向，通过校企联合、大平台、国际合作基地建立，促进研究生问题导向能力和国际视野的形成；以可推广、易拓展培养方法为目标，制定个性化人才培养计划，持续不断适应各类型研究生培养。

案例文本

宋永臣教授带领的导学团队以立德树人、服务需求、提高质量、追求卓越为研究生培养主线，引导研究生依托导师的科研课题和项目，针对国家重大战略需求瞄准国际学术前沿，积极开展科研创新与国际交流工作，培养了一批优秀学生，显著地提升了学科高层次人才培养的实力，为党和国家培养了众多德才兼备的高层次拔尖创新人才。

一、聚焦能源战略，瞄准国家发展需求

天然气水合物与二氧化碳资源化利用导学团队坚持为国育才的培养理念，面向国家重大急需，激励学生"坐冷板凳""啃硬骨头"，为国家解决"卡脖子"的真问题；面向需求找问题，面向问题找路子，是宋老师对所有弟子从事科学研

究的一项基本要求。近年的课题，团队的每一项研究都积极响应国家战略号召，紧随社会发展脚步。团队多年来一直致力于天然气水合物资源的安全高效开发，"十三五"期间团队获批国家重点研发计划项目1项（唯一水合物基础类研究项目）、课题3项、子课题4项，承担国家科技重大专项子课题1项，总经费达4000余万元，这些项目的实施有力提升了团队在我国天然气水合物研究领域的学术水平和影响力。团队获得2019年国家自然科学奖二等奖1项，这是水合物领域首个、也是目前唯一一个国家自然科学奖。此外，团队还获教育部自然科学一等奖1项，海洋工程特等奖1项、一等奖2项，日内瓦国际发明展特许金奖1项，中国专利优秀奖1项。团队负责人宋永臣教授连续多年入选爱思唯尔中国高被引学者，在天然气水合物领域发表论文连续多年影响力居全球首位。

温室气体减排与资源化利用是团队的另一研究中心内容。团队聚焦二氧化碳微观俘获机理，系统研究了地层流体特性，在储层特征描述、封存潜力与安全性评估以及封存驱油协调技术开发等方面形成了二氧化碳捕集、封存与利用基础理论与技术体系，有力支撑了我国二氧化碳减排战略。承担了包括973、863、重点研发计划在内的国家级科研项目20余项，在"多孔介质二氧化碳封存"领域发表SCI论文数量世界排名第二，研究成果被应用于天津大港油田、吉林油田碳封存示范项目。

二、紧抓科研育人，注重传承创新

在承担科研攻关任务的同时，团队始终致力于通过科学化、系统化、规范化的培养方法，确保研究生培养质量可持续提升，服务国家科技发展。从本科生抓起，培养好研究生的预备役，构建扎实的专业知识体系，保障学生在继续深造过程所需的基础能力。宋永臣教授一直身处教学第一线并严格要求团队成员做好教书育人工作。他领衔的育人团队提出的"协同育人理念下能源动力'新工科'创新人才培养模式的建设与实践"获得了 2020 年辽宁省普通高等教育本科教学成果奖。他因在教书育人方面的杰出成果获评了辽宁省优秀教师。在研究生培养方面，团队以适应社会新发展和实施精英人才培养为基本定位，以学校"双一流"建设为契机，努力打造国内一流的研究生课程体系和研究生培养体系。基于本－硕贯通课程，实现学生全程培养无缝衔接，吸引大量优秀生源在其团队继续攻读研究生学位。同时落实需求导向，其团队与国内大型企业、行业翘楚建立深度合作，共同致力解决"卡脖子"问题，培养国家和企业需要的人才，服务国家战略需求。

近五年，天然气水合物与二氧化碳资源化利用导学团队的学生中，19 人次获省、市"优秀毕业生"及"三好学生"称号，博士毕业生优秀率 71%，2 人获辽宁省优秀博士论文奖，1 人获辽宁省优秀博士论文提名奖，1 人获辽宁省优秀硕士论文奖，4 人获校研究生学术之星（全校每年仅 10 人），20 人次获国家奖学金。近五年，团队指导研究生在国际知名学术期刊上发表 SCI 论文 180 余篇，6 篇入选 ESI 高被引论文，2 篇入选 AIE "卓越工程"论文，14 篇入选封面论文。

三、注重学术交流，开拓学生国际视野

团队瞄准国际学术前沿，支持学生参与国际交流合作，鼓励学科交叉。团队建成了国家"天然气水合物安全高效开采研究"国际科技合作基地、国家"环境友好能源开发与调控"学科创新引智基地、海洋能利用与节能教育部重点实验室、辽宁省天然气水合物实验室等多个国家及省部级研究平台。团队因雄厚的研究实力和突出的科研成果入选辽宁省高等学校学科创新团队，并成为天然气水合物国家重点实验室分室。团队培养的研究生不仅具有扎实的学术功底、丰硕的科研成果，同时具有广阔的国际视野。团队博士生在学期间获得多项国家资助赴国外交流访问，并与剑桥大学、帝国理工学院、加利福尼亚大学、佐治亚理工学院、新加坡国立大学等世界顶级高校建立了深度合作，并吸引了外国留学生来组里交流访问，

提升了团队的国际影响力。同时，团队利用搭建的国际化平台聘请了包括德国科学院院士、英国皇家工程院院士在内的众多国际顶尖学者作为我校海天学者。这些学者每年亲临大工开展学术交流、指导学生，为课题组及学校其他学生的国际交流提供了绝佳的机会。

四、导学关系融洽，团队氛围浓郁

团队导师严于律己，对学生亦师亦父，团队氛围融洽，形成了独特的"家"文化。初入学的新生，导师细致耐心地解答学生的问题，为其规划学习与研究方向，协助学生建立对研究生生活的正确认知；对于学生在学习生活中产生的压力和负面情绪，导师能够及时察觉并采取措施，通过谈话等方式帮助学生释放压力，消解负面情绪，维持心理健康；对于已经毕业的学生，导师注重师门情感联络，保持学生对学校的归属感，时刻支持学生的事业，积极认真地聆听学生的烦恼并提出建议。逢年过节，大家会一起聚一聚，唠唠家常，在轻松的氛围里畅谈生活趣事、家乡习俗、科研进展、未来规划等。"家人"是形容团队师生关系最贴切的表达。十八年来，导师的引领，学生的坚持，使得整个团队生机勃勃，高质量的学术成果和优秀人才源源不断地从这个团队中涌现出来。

为使学生在实践中了解、融入社会，增强社会责任感，并在实践中巩固、检验、掌握和运用所学理论知识，增强解决实际问题的能力，团队导师通过引领实践育人、传承励志实践育人来强化学生综合能力的提升。通过锻炼学生的实践能力，鼓励学生开阔眼界，开拓就业路径，不拘泥于狭窄的专业领域，发挥自身特长并结合就业兴趣，理智地看待就业选择。在学生面临就业机会抉择时，团队导师根据学生自身情况和诉求以及就业前景，提出合理建议，帮助学生做出最适合自己的选择。博士、硕士就业率均为100%。

案例成效

1. 2020 年，杨同学，指导教授：宋永臣，入选"中国科协青年人才托举工程"（全国每年 400 人，本专业仅 2 人）。
2. 2020 年，王同学，指导教师：宋永臣，辽宁省优秀博士学位论文。
3. 2020 年，陈同学，指导教师：杨明军，大连理工大学第十一届"博士生学术之星"。
4. 2019 年，杨同学，指导教师：宋永臣，辽宁省优秀博士学位论文。
5. 2018 年，王同学，指导教师：赵佳飞，大连理工大学第九届"博士生学术之星"。
6. 2017 年，樊同学，指导教师：赵佳飞，辽宁省优秀硕士学位论文。
7. 2015 年，李同学，指导教师：宋永臣，辽宁省优秀博士学位论文。
8. 2015 年，周同学，指导教师：宋永臣，辽宁省优秀硕士学位论文。
9. 近五年（2016 届 -2020 届），累计 16 人获得优秀研究生毕业生。
10. 近五年（2016 届 -2020 届），累计 20 人次获得研究生国家奖学金。

团队导师寄语

希望研究生们胸怀服务党和国家科技事业的远大抱负，育就国际化视野与独立创新精神，练成为人民和国家服务的超强实践能力，树立强烈的社会责任感，在国家清洁能源事业领域做出大工人应有的贡献，助力国家实现"双碳"目标。

案例分析

教育是国之大计、党之大计，具有鲜明的政治性，培养什么人、怎样培养人、为谁培养人是教育的根本性问题。研究生教育是培养高层次人才的主要途径，是国家创新体系的重要组成部分。习近平总书记在两院院士大会暨中国科协第十次全国代表大会上发表重要讲话指出，要加快建设科技强国，实现高水平科技自立自强，这离不开高层次创新人才的支撑，唯有时时总结研究生教育培养经验，借鉴并创新优秀做法，引导研究生心怀"国之大者"方能提升人才培养质量和水平。研究生的培养是师生间薪火相传、继往开来的过程。"师者，人之模范也。"研究生导师在整个教育过程中，应通过自身高尚的师德与人格魅力潜移默化地影响、促进学生的学术科研进步以及道德素质的提升，达到"身教胜于言教"的良好教育效果。案例中的天然气水合物与二氧化碳资源化利用团队始终将师德建设放在首位，努力在工作中"瞄准国家科技需求和科技发展方向、培养研究生学术创新能力、培养研究生实践创新能力、增强研究生社会责任感、指导研究生恪守学术道德规范、注重对研究生人文关怀"。导师团队育德和育才并进，既培养学生的学术与实践硬实力，又提高学生的思想政治素质、道德发展水平的软实力，为学生成长成才提供支持保障。

首先，研究生群体已成为国家创新体系中最为活跃的生力军，研究生教育是经济社会发展的主要驱动，是服务强国战略的重要基石。团队坚持以主动服务国家发展战略需求为导向，培养高层次拔尖创新人才。始终瞄准能源科技前沿，聚焦核心技术突破和发展瓶颈，团队多年来一直致力于天然气水合物资源的安全高效开发，相关项目的实施有力提升了团队在我国天然气水合物研究领域的学术水平和影响力。此外，团队聚焦二氧化碳微观俘获机理，系统研究了地层流体特性，形成的二氧化碳捕集、封存与利用基础理论与技术体系，有力支撑了我国二氧化碳减排战略，并应用于天津大港油田、吉林油田碳封存示范项目。这表明，团队积极落实需求导向，与国内大型企业、行业翘楚建立深度合作，共同致力解决"卡脖子"问题，培养国家和企业需要的人才，服务国家战略需求。

其次，在承担科研攻关任务的同时，团队始终致力于通过本、硕、博、学生导师贯通一体化的连续培养,传承与创新并进,打通学生成长成才的通道,确保研究生培养质量可持续提升。导师和研究生是学业上的师生关系,还是学习科研路上的师兄弟朋辈关系,导师与学生建立良好的专业化互动关系,为学生的全方位、个性化与可持续发展提供全方位指导,保证了专业知识的传递承接,又将团队精神一代代传承下去。

再次,团队始终瞄准国际学术前沿,支持学生参与国际交流合作,形成开放的国际视野。团队通过建立国际联合培养研究生基地,选派优秀研究生到国外短期留学,鼓励并引导研究生参加高水平国际学术会议,提供多种形式的国际化教育,营造国际化氛围,提升学生的自主创新能力、国际交流能力和国际竞争力,这些做法旨在培养具有国际视野的拔尖创新型人才。

最后,团队内导师严于律己,对学生亦师亦父,细致耐心地解答学生的问题,为其规划学习与研究方向;对于学生在学习生活中产生的压力和负面情绪,导师能够及时察觉并采取措施,通过谈话等方式帮助学生释放压力、消解负面情绪、维持心理健康;对于已经毕业的学生,导师注重师门情感联络,保持学生对学校的归属感,时刻支持学生的事业,积极认真地聆听学生的烦恼并提出建议。这些都体现了团队中的导师与学生间和谐的"双主体对话"关系,导师把学生当作独立的、有思想的个体,主张在平等基础上进行合作与对话,学生不再只是被动接受改造的客体,而是主动、能动地发展着的主体。双方有更多的讨论、选择、合作和创造的机会,这样有利于增强学生学习的主动性,能够让学生学会思考,表达质疑,显现出学习的积极性,表达自己在学习上或者生活中的见解。在和谐的导学关系中,导师尊重学生,相信学生的能力,有利于学生激发自身潜能,在真诚、信任、理解的关系氛围中,能够合理引导学生认识自我,使学生突破自我局限,发现自我潜能,实现自我目标。此外,和谐的导学关系还可以减少师生双方心理疾患，减轻各自的心灵负担。当学生的心情得到放松时，才会在与教师的相互尊重、合作、信任的氛围中全面发展自己，并感受到快乐成长。对于研究生而言，在和谐的导学关系中，由于研究生对导师十分敬仰、爱戴，把导师当成楷模，所以导师立德树人的吸引力、感染力和影响力得到提高，导师教育引导研究生立德树人的有效性也得到了增强。

延伸阅读

宋老师（宋永臣老师）曾说，老师会竭尽全力给学生创造最先进的实验条件，提供最优质的国际化平台，目的是让学生在世界领先的学术环境下，专注科学本身、深挖科学本质、攻克科学难题，为解决国家重大需求培养创新人才。我们正是在这样的氛围中熏陶着成长，并得到宋老师如师如父的关爱，由衷感谢宋老师在我本科毕业、硕转博以及博士毕业三个人生非常重要的时刻像灯塔一样指引我，带我走出迷茫，甚至改变了我的人生。在这段美好的经历中，作为学生的我们，学习到的不只是科学研究的能力，更多的是为人若水、做事如山的准则。如今同样身为教师的我，也会将这份收获传递下去。

——团队培养的博士毕业生、现哈尔滨工程大学副教授 王佳琪

"科研工作是辛苦的，需要静下心来投入，但有成果之后就会觉得所有的付出都是值得的。"宋永臣老师激励着我们踏实科研，努力挖掘自身潜力，在科学研究上有所突破。宋老师组建的科研团队实力强、凝聚力高，给我们提供了良好的平台。宋老师不仅是我科研上的引路人，更是我的人生导师，每次遇到科研瓶颈或生活困境，宋老师总给予我帮助和指导，让我有勇气和信心在科研道路上坚

持走下去，对此我满怀感激！如今我也成为高校教师，从另一个视角回想自己的学生生涯，再次深深体会到宋老师团队对我学术生涯产生的深远影响。在刚进入课题组，面对新的研究方向倍感压力，并较迷茫时，还好遇到了专业扎实、对我超有耐心的刘瑜老师。在我开启研究生过程的每一步，从实验台搭建到论文撰写，刘老师的细心指导让我少走很多弯路，在科研上取得较大进步，也为我如今工作的顺利开展打下了良好基础。"母校永远是你们坚强的后盾，记得常回家看看。"我们记得博士毕业即将离校时宋老师这段充满深情的话，如今在新的岗位上也常常想起课题组师生们，以及在课题组度过的快乐而充实的时光！

——团队培养的博士毕业生、现新疆大学副教授 美合日阿依·穆太力普

"人一定要明确自己的目标，不要被眼前的挫折牵绊，分清事情的主次，朝目标坚定地走下去。" 这是我在研究生阶段遇到挫折时，宋老师对我说过的话。这句话教会我，无论在生活与工作中遇到什么困难，都要跳脱当前的困境而不沉迷，以更高的维度看待当前的处境而不慌乱。这句话让我终身受用。作为宋老师的学生，我感到十分幸运，他不仅是我学业上的导师，也是我人生路上的导师，他对待科研和学生的态度与方式，也是我学习的榜样。非常感激宋老师对我的教导与培养。

——团队培养的博士毕业生、现南方科技大学研究助理教授 王朋飞

我觉得我在课题组求学过程中最大的收获就是宋老师和杨老师激发了我对未知领域的好奇，并培养了我探索未知领域的科研能力。在课题组求学时，我对人工智能技术产生了浓厚的兴趣，宋老师和杨老师鼓励并指导我对人工智能技术和水合物的交叉领域进行积极探索。得益于在课题组期间的学习经历，我顺利拿到

了心仪的人工智能实验室的工作机会，这一切都离不开宋老师、杨老师和课题组各位老师对我的培养和帮助。

——团队培养的硕士毕业生、现华为诺亚方舟实验室 周老师

"对接世界科技前沿，面向国家重大战略需求和经济主战场，做有意义、有价值的科研。"宋老师对前沿基础科学问题有着敏锐的把握。同时，宋老师作为团队带头人，以身作则，为我们的课题凝练科学问题并梳理技术路线，他的办公室总是能动学院熄灯最晚的一批，他将认真务实的科研态度传达到我们每一位学生身上。此外，宋老师尊重学生个人意愿，结合学生性格特点和研究兴趣，与团队老师讨论制定适合学生的研究方向，并定期举行座谈会与我们进行进展交流，帮我们厘清研究思路，这极大地推动了我们的科研进展。在这个团队里，我不仅仅收获了知识，得到了系统性的科学训练，更多的是获得了一种科研责任感。

——团队培养的博士毕业生、现在校博士后 吴老师

（杨明军、马铭）

案例 3

投身国家需求,培育新工科拔尖创新人才

◎ 团队名称:结构强度与轻量化设计

◎ 导师组成员:王博、马红艳、姜孝谟、毕祥军、任明法、徐胜利、郝鹏、李锐、李桐、周才华、田阔、杜凯繁、马祥涛

◎ 在读学生成员:博士生39人,硕士生89人

◎ 培养毕业学生:博士生10人,硕士生72人

案例导读

运载学部工程力学系结构强度与轻量化设计团队,由王博教授、马红艳教授、姜孝谟教授、任明法教授、毕祥军高工、郝鹏教授、李锐教授、徐胜利副教授、李桐副教授、周才华副教授、田阔副教授、杜凯繁工程师及多名博士后组成的导师组,带领百余名博士/硕士研究生构成。团队以立德树人为根本任务,立足实践育人,打造科学报国的思政文化教育导学模式,倡导"理实结合——文理融合——

点面汇合"的育人方法，通过引导学生立大国志气，铸大国重器，建大国工程，树立学生投身国家需求、科研报国的人生理想；形成了一支勇于创新、深挖实干，以解决国家重大工程问题的同时为国家培养新一代新工科拔尖创新人才为目的的研究生导学团队。团队育人成才、科研报国的先进事迹被新华社、中央电视台、《光明日报》《科技日报》《中国教育报》《中国青年报》、人民网等主流媒体广泛报道。

团队与航天一院一部、航天三院301所、航空工业601所、中国商飞上飞院、中国航发商发等国内重要航空航天装备研制总体单位建立了联合实验室或研究中心，并围绕多型运载火箭、飞行器、发动机等装备结构自主研制开展了大量联合研究。团队老师始终坚持与航空航天工程师一道，带领研究生努力消化理解国家重大需求，进而开展艰苦卓绝的基础研究，再进一步将基础研究成果应用于重点型号研制，尤其为我国新一代大型运载火箭长征5号减重1145公斤，获2020年国家技术发明二等奖。团队还形成了一种"暑期短期课程""双导师制"和"驻所培养"相结合的科研育人模式，注重将科技报国情怀有机融入筑牢专业知识、助塑逻辑思维、夯实实践创新能力等研究生培养环节，让研究生终身受益。近五年毕业的研究生大多数毕业后直接进入高校或军工集团总体设计单位，成为各单位的年轻研究骨干。

案例文本

团队教师以投身国家需求，培育新工科拔尖创新人才为目标，传承大工红色基因，始终践行兴校强国的历史使命，并探索出科教融合、赛教融合、驻所培养的育人体系，接续培养一批批饱含家国情怀的新工科拔尖创新人才。

一、采用基于问题式教学方式，培养"准"研究生的科研技能，推行"暑期短期课程"

进入研究生阶段学习之前，"准"研究生明显缺乏对本科专业知识的融合应用能力，也没有建立基于专业知识解决问题的能力。为此，近十年，面向进入联合研究团队即将报到的研究生新生，该团队每年利用暑假期间的7周时间，推行"暑期短期课程"。经过十余年不断摸索与实践，短期课程已经形成了包括"读图""建模""修模""分析""优化""软件""编程""实验"等多环节的应用基础知识和技能培训相融合的内容体系。课程采用基于问题式学习方式，每小组2~3人，每期短期课程共10余组，着重强化"个人独立实操""分组-整体分阶讨论""团队教师主题讲座""小组成员每周汇报"相结合等实训环节，近年来还在主题讲座中增加了保密教育与航天报国等思政教育内容，将科技报国情怀有机融入筑牢专业知识、助塑逻辑思维、夯实实践创新能力等研究生培养环节。

二、实践"双导师制"和"驻所培养"特色培养方式，培养研究生开展国家需求牵引下的应用基础研究

为让研究生能够更贴近国家需求，并能从需求中提出问题，开展相应的应用基础研究，近十年，该团队实践了一种"双导师制"和"驻所培养"相结合的特色科研育人方式。依托与航空航天院所共建的联合实验室或研究中心，该团队为研究生配备了科研院所研究人员作为副导师。而且，依托共建双方协商科研任务的模式，该团队为研究生创造了"驻所培养"的科研条件和生活条件。通过这种方式培养的研究生，不仅具备更为扎实的力学知识和科研技能，更具备了善于从实际应用中发现并解决问题的能力。尤其是研究生期间与工程师共同工作的经历，使学生能学习到"特别能吃苦、特别能战斗、特别能攻关、特别能奉献"的航天精神，让研究生终身受益。

三、加强思政教育，将个人科研报国梦与国家伟大工程需求相结合，传承大工红色基因

团队注重学生的思政教育，通过科研工作与国家需求相结合，打造生动的"行

走的思政课"，引导学生立大国志气，铸大国重器，建大国工程，树立学生投身国家需求、科研报国的人生理想，鼓励学生将个人科研报国梦与国家伟大工程需求相结合，从行动上做大工红色基因的传承者和践行者。

2020年5月，长征五号B火箭首飞成功后，火箭总指挥王珏、总设计师李东发来感谢信写道："大连理工大学研发的航天新型轻质高承载结构及其高效优化设计技术，实现了箭体结构大幅减重，为保障火箭运载能力和多次关键技术攻关发挥了重要作用，长征五号B火箭首飞的成功发射凝聚着你们的智慧与奉献。"这份沉甸甸的感谢信是该团队师生专注结构强度与轻量化设计领域十余年，用汗水铸就的华彩荣光，更是代代大工人传承红色基因，始终服务国家重大需求的生动体现。相关情况经过央广网、澎湃新闻、大连理工大学官网、《半岛晨报》等数十家媒体报道，获得了全社会的广泛关注。

经过该科研育人方式的全方位训练，该团队培养的研究生获得中国力学学会优秀博士论文提名奖、辽宁省优秀博士学位论文、辽宁省优秀硕士学位论文、第七届中国国际"互联网+"大学生创新创业大赛金奖、"挑战杯"全国大学生科技竞赛辽宁省特等奖、全国航天运载器新概念结构设计大赛一等奖、国家奖学金、第五届国际应用力学前沿会议学生优秀海报奖、辽宁省优秀毕业生等奖励90项，其中国家级23项、省级13项、校级54项。近五年，该团队培养的毕业博士研究生10人、硕士研究生72人，大多数毕业后直接进入高校或航天科技、航天科工、中航工业、中船重工、中国航发等军工集团的总体设计单位，并相继成长为教授、副教授、主任设计师、副主任设计师、工程组组长、高级工程师，成为各单位的年轻研究骨干。

案例 3　投身国家需求，培育新工科拔尖创新人才　　25

面向时代潮流，该团队将继续努力践行匠人之心、匠人之能和匠人之德，进一步紧密结合我国新一代航空航天装备结构研制需求，力图瞄准新一代装备先进结构强度与轻量化设计技术体系构建，获取理论和方法的源头创新，形成自主可控的实用技术和设计软件。

案例成效

1. 2018 届博士毕业生田阔，目前为大连理工大学工程力学系副教授 / 硕导，发表 SCI 论文 50 余篇，他引 400 余次，授权发明专利 6 项，获批软件著作权 2 项，担任 10 余种 SCI 期刊审稿人，主持 1 项国家自然科学基金青年基金、1 项博士后面上项目、1 项中央高校基本科研业务费、8 项横向课题，参与两机专项、KGJ 基础科研项目。曾荣获中国力学学会优秀博士论文提名奖（全国 4 人）、辽宁省优秀博士学位论文（全省 49 人）、辽宁省自然科学学术成果奖（论文类）一等奖、钱令希力学奖（青年教师）一等奖（全校唯一）、辽宁省普通高等学校优秀毕业生、大连市三好学生、大连理工大学优秀博士学位论文、博士研究生国家奖学金、大连理工大学优秀研究生、大连理工大学优秀党员、大连理工大学优秀博士论文单项奖学金、珍奥双迪航天奖学金一等奖（全校唯一）、钱令希力学奖一等奖学金（全校 3 人）等荣誉。

2. 2017 届博士毕业生周才华，目前为大连理工大学工程力学系副教授，发表 SCI 论文 20 余篇，他引 200 余次，授权发明专利 10 项，担任多个国内外重要期刊的审稿人，主持国家自然科学基金青年基金、博士后科学基金面上一等资助等，参研国防科工局基础科研与辽宁省重点研发计划等项目。曾荣获大连理工大学优秀博士学位论文、大连理工大学星海骨干、钱令希力学奖一等奖学金（全校 3 人）等荣誉。

3. 2021 届博士毕业生马同学，已发表 SCI 论文 12 篇、申请发明专利 6 项。曾荣获第七届中国国际"互联网+"大学生创新创业大赛金奖、研究生国家奖学金、大连理工大学优秀研究生、钱令希力学奖一等奖学金、珍奥双迪航天奖学金、大连理工大学博士一等学业奖学金、第五届国际应用力学前沿会议学生优秀海报奖等荣誉。

4. 2021 届博士毕业生王同学，目前为中电科集团工程师，在读期间发表 SCI 论文 14 篇。曾获大连理工大学"硕士生学术之星"（全校 10 人）、硕士研究生国家奖学金、钱令希力学奖一等奖学金、校优秀毕业生等荣誉。

5. 2020 届硕士毕业生刘同学，目前为航天一院战术武器事业部工程师，在读期间发表 SCI 论文 3 篇。曾获辽宁省优秀硕士学位论文奖、硕士研究生国家奖学金、辽宁省优秀毕业生、大连理工大学服从国家需要优秀毕业生、校优秀毕业生、钱令希力学奖二等奖学金等荣誉。

6. 2018届硕士毕业生王同学，目前为中国电子科技集团公司第二研究所工程师，在读期间发表SCI论文7篇，被引100余次。曾荣获大连理工大学"硕士生学术之星"（全校10人）、大连理工大学"优秀研究生标兵"（全校10人）、辽宁省普通高等学校优秀毕业生、辽宁省自然科学学术成果奖（论文类）一等奖、硕士研究生国家奖学金、屈伯川奖学金、大连理工大学优秀硕士学位论文、大连理工大学优秀研究生等荣誉。

7. 2016级在读博士生明同学，已发表SCI论文9篇，申请国家发明专利8项（已授权3项）。曾荣获博士研究生国家奖学金、钱令希力学奖二等奖学金、大连理工大学博士一等奖学金、大连理工大学优秀研究生等荣誉。

8. 2020级在读硕士生黄同学，已发表SCI论文3篇，申请发明专利2项，获批软件著作权1项。曾荣获全国高校力学类专业优秀本科学位论文（全校2人）、首届全国力学博士生学术论坛优秀报告奖（全国34人）、硕士研究生国家奖学金、大连理工大学优秀三好学生、大连理工大学优秀毕业生、大连理工大学优秀毕业论文、大连理工大学博士生论坛优秀学术报告奖、ABS美国船级社奖学金（全校2人）、708研究所MARIC奖学金等荣誉。

9. 2020级在读博士生李同学，已发表SCI论文3篇、EI论文3篇，申请发明专利3项。曾荣获大连理工大学"硕士生学术之星"（全校10人）、硕士研究生国家奖学金、大连理工大学优秀研究生等荣誉。

10. 2018级在读博士生郑同学，已发表SCI论文12篇，被引100余次。曾荣获首届全国力学博士生学术论坛优秀报告奖（全国34人）、博士研究生国家奖学金、大连理工大学优秀研究生、钱令希力学奖二等奖学金等荣誉。

导师团队寄语

行成于思毁于随——应努力做有自身特色、甚至有望引领方向的研究，而非一味追逐热点、跟随别人的方向做同质化研究。在此之上，持之以恒，精益求精，方可能做专、做强，逐步打造属于自己的标签。

案例分析

创新创业能力是对新工科培养的工程科技人才的首要能力要求。随着全球化进程的加快，国力的竞争已经演变为人才的竞争，创新型人才培养已成为国家战略。创新型人才就是具有创新精神和创新能力的人才。拔尖创新人才的培养也是我国实现人才强国战略的重要举措，是建设创新型国家，实现中华民族伟大复兴的历史要求。教育部和财政部在文件中明确指出：提高质量是高等教育发展的核心任务，全面提高高等教育质量的核心是大力提升人才培养水平，牢固确立人才培养在学校各项工作中的中心地位。然而，培养拔尖创新人才往往是传统教育教学模式难以胜任的。因此，高校进行精英人才培养模式改革，探索、构建和实践拔尖创新人才培养模式，具有十分重要的理论价值和现实意义。

在深入推动创新驱动发展战略和适应经济发展新常态的大背景下，"大众创业、万众创新"蔚然成风，但"人才培养的同质化"与"社会需求的高端化"之间的矛盾依然突出。因此，如何依据学科特色和各高校自身发展情况，构建与实践符合学科发展趋势的拔尖创新人才培养模式已经成为各个学科高等教育工作者迫切需要研究的重要课题。案例中的"结构强度与轻量化设计导学团队"就是一支以立德树人为根本任务，立足实践育人，勇于创新，深挖实干，能够在解决国家重大工程问题的同时为国家培养高层次拔尖创新人才的优秀的研究生导学团队，其在构建与实践拔尖创新人才培养模式方面积累了大量宝贵的成功经验。

首先，团队注重人才的道德素质培养，始终以为党育人、为国育才为目标，坚持通过深挖学科思政，引导学生立大国志气，铸大国重器，建大国工程，树立科研报国的伟大梦想。王博老师说："学校每年有数千名理工类本科生学习基础力学，它是帮助支撑后续专业学习、建立逻辑思维、培养家国情怀的关键一环。"如何让思政之"盐"溶于课程之"水"一直是王博所带领导学团队思考的课题。作为材料力学课程主讲、基础力学教研室主任，王博组建了以青年杰出人才为主的教学团队，团队成员在我国重大装备自主研制中均有长期科研经验，他们逐渐探索出案例式、引导式、建构式的课堂教学模式，提出了"理实结合—文理融合—点面汇合"的课堂教学方法。十年来，教学团队坚持撰写课后总结，撰写出14万字的教学心得，课程入选首批国家一流本科生课程、教育部首批课程思政示范课程。另外，面向进入联合研究团队即将报到的"准"研究生新生，团队每年利用暑假期间进行保密教育与航天报国等思政教育内容，将科技报国情怀有机融入筑牢专业知识、助塑逻辑思维、夯实实践创新能力等研究生培养环节。

其次，团队遵循教育规律和人才成长规律，根据新工科背景下的力学学科特点和发展趋势，从自身优势出发，探索出了"强化专业基础，紧跟学科前沿，转化自身特色"的创新型人才培养体系以及专业理论基础和专业科研实践相平衡的创新型培养模式，以培养综合素质高、基础理论扎实、创新能力强、创业思维敏捷的新工科拔尖创新人才。为让研究生能够更贴近国家需求，并能从需求中提出问题，开展相应的应用基础研究，团队实践了一种"双导师制"和"驻所培养"相结合的特色科研育人方式。依托与航空航天院所共建的联合实验室或研究中心，该团队为研究生配备了科研院所研究人员作为副导师。使研究生与工程师共同工作，促进学生充分学习体悟"特别能吃苦、特别能战斗、特别能攻关、特别能奉献"的航天精神，让研究生终身受益。

最后，团队努力培养学生的创新能力、思维能力、合作能力、科研能力、管理能力和工程意识，为国家建设提供具有创新精神和实践能力的应用型、复合型人才。王博带领团队依托工业装备结构分析国家重点实验室，辅以校外实践教育基地，以大创项目、未来科学家工坊等为抓手，引导学生开展工程创新设计研究，指导学生参加各类科创比赛，同时还组织一些富有新意的竞赛，将竞赛题目与国家重大需求相融合。

延伸阅读

从 2008 年博士入学，到 2013 年初为人师，再到现在荣获优秀导学团队，团队"积极投身国家需求，培育新工科拔尖创新人才"的育人理念深刻影响着我，并见证了我的每个成长瞬间。回想起来，在这里，能深切感受到团队师生矢志不渝服务国家的热忱，追求装备结构极致轻量化的不懈，攀登一座座科学高峰的奇迹……欢迎各位青年同学加入，相信你一定会不负韶华。

——团队培养的毕业生、现团队成员、教授 郝鹏老师

在攻读硕博士学位时，导师用行动告诉我们，团队做所有事情的出发点都应该是也必须是用心培养学生。我的身份转换成老师后，开始自己申请项目，指导学生做科研，解决工程问题与学科领域的前沿问题，在此过程中也更加深刻地体会到：无论是搞科研还是做项目，我们的初心都是要把学生培养好，学校老师的主要任务之一也是要为国家和社会培养更多的人才，只要培养好学生，团队就能获得最大的成就。

——团队培养的毕业生、现团队成员、副教授 周才华老师

很多朋友都问我："搞科研苦不苦？"无论是博士求学时，还是现在已为人

师，我的答案都始终如一："搞科研是一件浪漫的事儿！"这份快乐与幸福的信念，源自团队十余年如一日面向国家需求、服务国家需求的科研理念。满怀科研报国情怀，我们有幸参与国家航空航天重点型号研制，与航空航天工程师一起攻关、一起成长、一起见证国家航空航天事业的腾飞，展现我们大工力学人的风采，这就是最浪漫的事儿！

——团队培养的毕业生、现团队成员、副教授 田阔老师

王博老师经常说起，教学与科研是相辅相成的。书本上的理论知识与生产实践是紧密相连的。而研究生阶段恰恰是用丰富的具体科研课题、科研项目充实自己掌握一技之长的关键时期，是步入社会前提升自身技能的最后一个阶段。希望各位有志青年把握在校时光，尽快完成本科学习到研究生科研的状态转变，从被动学习课本知识，到团队协作完成重大科研课题，为我国航空航天等重大工程服务，成长为国家的栋梁之材。

——团队培养的毕业生、现团队成员、工程师 杜凯繁老师

王博老师是一名充满激情而又沉着冷静的科技工作者，同时他又是一名把个人成长和国家发展完美结合的共产党员，在王博老师的带领下，结构强度分析和轻量化团队树立了"三尺讲台育桃李，科学技术为报国"的理想，始终以解决国家重大工程问题的同时为国家培养新一代新工科拔尖创新人才为目的。跟随王博老师学习和工作，让我们心里一直有一个声音——为天地立心，为生民立命，为往圣继绝学，为万世开太平。

——团队培养的毕业生、现团队成员、博士后 马祥涛老师

王博老师很忙，但只要有空，他总会来到我们的教研室与我们交流讨论。还记得在刚入学不久和王博老师讨论科研进展时，面对研究思路有些走偏的我，王老师并没有直接批评，而是循循善诱地对我说："做科研，不能只是低头工作，更要抬头看路，要注意从数值现象中探寻力学内涵，否则就容易原地打转。"这番话一下点醒了我，也帮助当时迷茫的我在科研道路上少走了许多弯路，现在想起仍然收获满满。

——团队培养的 2020 级在读博士生 王同学

（马祥涛、张睿）

案例 4

因材施教育英才，亦师亦友共奋进

◎ 团队名称：生物与仿生力学导学团队

◎ 导师组成员：吴承伟教授、张伟教授、马国军教授、吕永涛副教授、韩啸副教授、夏阳副教授、马建立高级工程师

◎ 在读学生成员：56人（包括8名留学生）

案例导读

大连理工大学运载工程与力学学部力学学科生物与仿生力学导学团队是一个朝气蓬勃、团结向上的导学团队。团队长期坚持40字建设理念：立德树人、思政为先；因材施教、不拘一格；甘当人梯、鼓励创新；精雕细刻、一丝不苟；亦师亦友、团结奋进。整个团队形成了团结互助、和谐共进的良好氛围。

团队瞄准关乎国计民生的国家重大战略需求，研究千奇百怪的生物现象，揭示纷繁复杂的生物力学原理,并开展应用探索,近五年获批国家重点研发计划项目等国家级纵向项目15项,累计科研经费3000余万。文化传承、教书育人是大学的永恒使命。团队努力将国家需求、科研创新、人才培养有机融合,以科研问题为导向,根据学生特点因材施教,近五年培养的研究生3人获得辽宁省优秀学位论文奖,1人获得力学学会优秀论文提名奖,2人获得国际仿生学会的仿生创新设计奖。

案例文本

一、立德树人、思政为先

研究生的思想政治教育是决定为谁培养人才的头等大事。团队导师以身作则,坚定政治信仰。思政教育不但要融入课堂,而且要融入科研。研究生导师带领研究生积极学习党史和时事,坚定政治信念。博士研究生X同学是保送读研的,各个方面都很优秀,业务能力很强,为了锻炼他的综合组织能力,团队导师鼓励他做研究生的班长工作,以此提升他的综合能力。事实证明,学生干部工作与科研工作是可以相辅相成的,经过全方位的"精雕细琢",X同学在校期间获得了多种学术奖和荣誉称号,博士学位论文也获得全国优博论文提名奖、辽宁省优秀博士论文奖。这样的例子还有很多,近五年,团队研究生2人次被评为校优秀共产党员、1人次被评为校优秀学生党务工作者、1人次被评为校优秀学生党员标兵、6人次被评为校优秀研究生党团干部、7人次被评为优秀团员。整个导学团队形成了爱党爱国、团结互助、积极向上的良好风气。

二、因材施教、不拘一格

生物与仿生力学导学团队长期坚持多元化的研究生培养模式,努力做到因材施教、不拘一格。在导师选择的问题上，团队坚持"磨刀不误砍柴工"的理念，面向国家重大需求，综合团队主要研究方向、科研项目、各个导师的特长以及研究生的本科专业和兴趣爱好等因素，团队组织在研究生与导师之间做出二次双向选择，努力找出个体与团队之间的最优组合。在入学的第一学期，团队一般不给研究生指定题目，而是给研究生论文选题更多的自由空间，用半年到一年时间增进师生双向了解。同时，团队每周举行一次团队学术例会，研究生轮流做学习与科研进展情况报告，让师生们有广泛的纵向与横向交流机会。最后，根据研究生的性格、专业基础和爱好等，经过反复讨论才决定什么样的题目适合学生。团队认为：如果导师强行按照自己的科研需求给研究生安排不感兴趣的题目，很难有好的研究成果。例如，博士研究生 Y 同学对于病毒动力学非常感兴趣，团队经过论证同意他做此项研究，并帮助他找到一个校外导师协助指导。因材施教的精心培养帮助 Y 同学取得了丰硕的科研成果，在校期间获得钱令希力学奖学金一等奖。

博士研究生与硕士研究生培养模式有别。博士论文题目一般都是聚焦到某一方向前沿点上，重点突出学术创新以及解决工程问题的综合能力。硕士研究生主要是培养解决实际问题的能力，一般不鼓励做那些纯理论方面的课题，而是让他们从解决实际工程问题中锻炼自己，并且鼓励他们去研究不同方向的题目，譬如流体和固体力学问题。这样研究生走向社会以后，对新环境的适应能力很强。团队内部所有研究生都是由一到两个导师亲自带，其他导师协助指导。团队内部从来没有让博士生去指导硕士生，团队认为那样对于培养硕士研究生的独立工作能力不利，容易受到博士生思维的束缚。

三、甘当人梯、鼓励创新

研究生导师的一个重要工作就是如何激发研究生的学习与科研热情，只有研究生自己开始发力，才容易出创新性成果。研究生不同于生产机器零件的工人，最需要的是创新意识。团队的导师们一个最大特点就是鼓励研究生勇于探索与创新。

博士生 Z 同学本科毕业于一所普通大学机械专业。由于 Z 同学力学基础较差，团队考虑让她用一年的时间打好力学基础，全身心地上好课程。Z 同学对蚊子的浮水与针刺力学行为非常感兴趣，申请了硕博连读。在科研交流指导过程中，导师发现了她创新能力突出的优势，从理论建模到实验方案都进行细致指导，并在实验仪器、科研经费等方面全力支持，并创造宽松的科研环境，鼓励她向国际前沿和难点发起冲击。在近乎"量身定做"的科研指导中，Z 同学的研究成果发表后被 Nature 和 Science 等国内外学术期刊与媒体广泛报道，在生物力学界引起很大反响。Z 同学也荣获全国优博论文提名奖、辽宁省优秀博士论文奖等荣誉奖励。凭借扎实的科研基础，Z 同学毕业以后顺利获得辽宁省高校杰出青年学者成长计划人才、辽宁省兴辽英才计划青年拔尖人才、辽宁省百千万人才千人层次等荣誉称号。

同样的，硕士生 U 同学好奇心极强，特别愿意思考，愿意做具有挑战性的题目。基于 U 同学对微液滴精准操控的强烈兴趣，团队在没有相关研究经验和设备的条件下，为他购买了近 20 万元的专用实验仪器设备，创造条件鼓励他沿着兴趣做下去。在团队的支持下，U 同学顺利发表了 2 篇 SCI 论文，学位论文获得辽宁省优秀硕士论文奖，并顺利就职某研究所。

四、精雕细刻、一丝不苟

在研究生招生方面，团队坚持对招收的博士研究生的质量与数量严格把关，本着"宁肯空缺"的原则，一个博士导师平均每年招收 1 名博士研究生。由于团队对招收研究生规模合理规划、严格把关，导师更有精力去深入了解每一个研究生的性格、特点、特长和爱好，扬其长、避其短，对其进行更精心、细心的指导。

团队导师认为，对学生第一篇论文的仔细修改非常重要，除了语言修改之外，更重要的是教会研究生怎样组织材料。在英文论文修改过程中，导师对英文基础较差的学生格外倾注心血，在打好框架的基础上，学生不断充实具体内容，而后加以修改，最多一篇论文反复修改过 9 次，经历这样的反复迭代，研究生的论文写作水平一下子就会上一个台阶。

博士研究生 V 同学力学基础很好。针对他的性格、特长和兴趣，导师充分发挥他的力学研究能力。经过指导，V 同学在新能源燃料电池封装力学方面做出了可喜成果，共发表了 6 篇 SCI 论文（其中 3 篇影响因子大于 9），授权发明专利 4 项，论文被国内外学者广泛引用，并给予高度评价，研究成果直接应用于工程领域。他也凭借丰硕的科研成果获得了辽宁省优秀博士论文、国家奖学金、辽宁省优秀毕业生、中国船级社奖学金、钱令希力学奖学金等多种奖励和荣誉称号。

博士研究生 W 同学有物理专业背景，团队的磁性纳米材料课题一直需要一个物理背景的学生，经过多年物色，团队决定招收该生，并对他在生物材料和力学方面的知识进行专项补充。在团队指导和个人努力的过程中，他深度融合物理学、力学和材料科学，研究出一种精准控制磁性纳米材料居里点的方法，可以精准控制磁热疗的温度，为恶性肿瘤的精准控温治疗探索出一条新路。研究成果发表后在国内外引起强烈反响。他在校期间获得了国家奖学金、钱令希力学奖学金等奖项。

五、亦师亦友、团结奋进

团队始终认为，招收研究生的最终目的是培养人才，而不是完成科研项目。导师与研究生之间不是老板与打工仔的关系，也不是领导与被领导的关系，而是一种纯洁的师生关系。团队导师主张换位思考，特别是对于有心理问题苗头及家庭经济困难的同学实施多方位关照，有效解决相关案例 9 个，其中心理问题案例 4

人次。团队不鼓励研究生外出打工，如果家庭生活确有困难，团队对其安排助课、实验室事务管理等，并给予适当的生活补助。每年逢节假日，团队导师经常看望留校学生，送去慰问品。在这种培育理念下，团队学生之间互助互爱，高年级同学主动帮助低年级同学，形成了一个友好大家庭的学术与生活环境。

案例成效

1. 2021 年，× 同学，大连理工大学优秀博士论文特别奖学金，指导教师：张伟
2. 2020 年，× 同学，辽宁省优秀博士学位论文奖，指导教师：吴承伟
3. 2018 年，× 同学，第一届国际仿生创新大赛二等奖，指导教师：张伟、吴承伟
4. 2017 年，× 同学，辽宁省优秀硕士学位论文奖，指导教师：张伟
5. 2016 年，× 同学，辽宁省优秀硕士学位论文奖，指导教师：张伟
6. 2016 年，× 同学，大连理工大学硕士学术之星，指导教师：张伟
7. 近五年（2016 届 -2020 届），累积 6 人获得大连理工大学优秀硕士学位论文奖。
8. 近五年（2016 届 -2020 届），累积 6 人获得研究生国家奖学金。
9. 近五年（2016 届 -2020 届），累积 7 人获得钱令希力学奖学金。
10. 近五年（2016 届 -2020 届），17 人次获得大连理工大学学生党员标兵等党团荣誉称号。

导师团队寄语

困难对于勇于探索的人是机遇，时间对于乐于学习的人是财富！

案例分析

不忘初心，立德行，善人品。习近平总书记在谈高校思政工作时指出，高校思想政治工作关系高校培养什么样的人、如何培养人以及为谁培养人这个根本问题。利用组会和课余时间，团队导师与研究生一起积极学党史、学国情、学时事，坚定"四个自信"，增强"四个意识"，做到"两个维护"。团队师生积极投入到学校的党、团、学工作中，有3人次先后担任基层党支部书记，近五年，1人被评为学生党员标兵、3人被评为优秀党员、1人被评为优秀党务工作者，形成积极向上的团队氛围。

提升创新意识，培养科研敏锐性。研究生教育作为高等教育顶端，承担着高端人才供给和科技创新的双重使命。当今研究生的视野、思维很大程度上决定了国家未来的科研水平。创新性思维培养是研究生科研素质培养的核心，如何帮助学生确立创新意识，形成创新性思维？团队从生物启发和仿生应用两方面入手，一方面，大自然是位神奇的导师，生物材料和结构经过几十亿年的优胜劣汰，实现了结构、材料和功能的协同优化，微观与宏观、局部与整体的完美统一，展现出千奇百怪的生物生存技能和纷繁复杂的生物材料，为仿生学和仿生材料学研究提供了无穷的探索和遐想空间，是取之不竭的灵感宝库。另一方面，科研的最终目标都是服务社会，解决实际问题。反过来，工程和医疗应用中出现的技术问题也可为科研提供明确的新方向，激发创新灵感的产生，拉动科技进步。正如恩格斯所说："社会一旦有技术上的需要，这种需要就会比十所大学更能把科学推向前进。"团队将两者有机融合，搭建生物材料观测系统，揭示仿生原理，深入医工前线，探讨应用问题，从多视角、多层次、多维度培养学生的创新思维。近五年，以研究生为骨干，研发出仿蚊子口器微纳切割刀具、自控温磁热疗技术等，相关成果获得国际仿生学会组织的仿生创新大赛二等奖（10 多个国家 120 多个作品参赛，获奖率 10%），被 Science Daily、Medical News Today 等 50 余家国内外网站所报道，在国际上引起强烈反响。

研究生阶段是一个人从学生身份到社会身份的过渡阶段，把握住这个成长关键期，对研究生成长成才具有重要意义。团队从立德树人、思政为先，因材施教、不拘一格，甘当人梯、鼓励创新，精雕细刻、一丝不苟，亦师亦友、团结奋进五个方面积极践行立德树人的根本任务。

延伸阅读

"无论有什么问题都可来找老师"，这是团队导师常常对同学们说的。团队导师是我们科研上的指路人。善于发现我们科研上的闪光点，支持我们敢于挑战，勇于创新。团队导师关心我们身心健康，鼓励我们科研之余要加强体育锻炼，关怀春节等因疫情不能回家的同学，使同学们感受到温暖。

——团队培养的 2017 级在读博士生 金同学

团队老师一直强调"创新是科研的驱动力，进行科学研究必须保持严谨的科学态度，沉得住气才能做出创新性成果。"在科研的道路上，老师一直鼓励我们多读、多想、多做，犹如岸边的灯塔，指引学生破浪前行。成功是建立在无数次失败之上的，在枯燥的实验中不断试错，在漫漫长夜中迸发灵感，当灵感得到验证，当汗水结出果实，一切的付出都值得。

——团队培养的 2017 级在读博士生 魏同学

我们的科研团队有着浓厚的科研氛围，在这种环境中，我们学生能够做到心无旁骛、专注研究，这是一种努力，也是一种享受。老师和学生们一起搭建了发展、提高、展现的平台，让我们的科学研究活跃起来。学生们在科研团队中分工合作、各展所长，营造出了科研的和谐风气，增强了科研的后续力量。

——团队培养的 2021 级在读博士生 李同学

我们的团队氛围融洽，老师因材施教，尊重学生个人意愿，经常与大家交流沟通，给予殷切的指导，让每个人的特长都得到最大化发挥，同学之间不仅是科研伙伴，更是生活中的朋友，经常举办一些团建活动，增进大家的感情。正因为这种和谐的团队氛围，原本艰苦的科研生活也变得有滋有味，大家对科研的热情也愈发高涨。

——团队培养的 2019 级在读硕士生 李同学

（吴承伟、张睿）

案例 5

落实"立德树人"根本任务,贯彻以生为本育人理念

○ 团队名称:环境学院有机废物新型厌氧处理技术团队

○ 导师组成员:张耀斌、赵智强

○ 在读学生成员:博士生 6 人,硕士生 11 人

案例导读

张耀斌教授、赵智强副教授带领近 20 名博士/硕士研究生组成环境学院有机废物新型厌氧处理技术团队。

长期以来,团队导师牢记立德树人使命,坚守教书育人职责,坚持导师有义务使他们变得更加优秀的理念,坚持做学生品格的塑造者,做学生学业的领路人和伙伴,做学生生活上的知心朋友和服务员,不拘一格,因材施教,时刻坚守培

养生态文明建设者的初心与使命,引导学生树立远大理想抱负,矢志成为为祖国碧水蓝天不懈奋斗的生态文明建设者和社会主义接班人,在服务国家中贡献自己的才能,实现人生价值。

团队立足生态文明建设,坚持"四个全面",聚焦环境领域科技前沿,针对有机废物低碳资源化处理的重大需求和关键技术问题,发展基于新型厌氧呼吸的有机废物处理技术与理论,形成从理论创新到工程应用的系列成果,支撑我校在废弃物厌氧资源化领域跻身国际领先水平。以该理论为主要内容,获得2020年国家技术发明二等奖,入选教育部特聘教授(2019)、兴辽英才科技创新领军人才(辽宁特聘教授,2019),"科睿唯安"全球高被引学者(2021)、"爱思唯尔"中国高被引学者(2021)。

团队指导的学生多人次获得国家奖学金、中日奥加诺奖学金、北京大学唐孝炎环境科学一等奖学金、哈工大王宝贞环境科学一等奖学金等高竞争性的全国性奖学金。团队毕业生发展良好,在上海交通大学、天津大学、大连理工大学、郑州大学、中化集团等双一流大学和央企总部工作。

案例文本

团队落实"立德树人"的根本任务,贯彻以生为本的教育理念,始终视学生利益为最高利益,对学生充满感情,坚定有义务使学生变得更加优秀的原则,团队教师时刻提醒自己全力投入立德树人工作,保证学生的学业成就和健康成长,并为未来发展打下良好基础;在科研攻关上,团队坚持"四个面向",以我国生态文明建设和碳减排的重大需求作为研究方向,瞄准厌氧呼吸和微生物胞外电子传递的世界前沿开展基础研究,服务生态文明建设。

一、坚持做学生品格的塑造者

团队教师牢记立德树人使命,坚守教书育人职责,全力投入培养高水平创新型人才的任务。团队教师认真学习领会习近平总书记关于高等教育和科学研究的讲话精神，认真履行教师职责。在科研育人中，始终将思想政治教育融入其中，引导学生树立远大理想抱负，在服务国家中贡献自己的才能，实现人生价值。

正人先正己，团队教师时刻做到"为人师表"，以实际行动正面引导学生。团队教师深刻意识到，单纯的说教很难奏效，导师必须承担为学生示范打样的角色。为此，老师坚守科教兴国和为党为国育人的情怀，不断陶冶情操、提升格局，按照"四有好老师"的标准，严格要求自己，做学生品格的塑造者。

自学生入校，团队教师全面了解掌握每个学生的个人情况，尤其是性格特征、思想动态、家庭情况等，及时了解学生的心理活动、行为趋向、实际困难。对于存在实际困难的学生，切实给予实质性帮助。

身教胜于言传。团队导师以务实高效、朴实无华、严于律己、率先垂范的工作作风，给学生打样树形象。要求学生做到的，自己首先做到。

做到因材施教，不拘一格。针对不同学生，使用不同的谈话技巧和引导措施。对于性格敏感、羞涩内向的学生，以鼓励、尊重为交流的主基调，鼓励其充分表达表现，激发其奋斗潜力；对于外向开朗的学生，以轻松活泼的方式与其交流，直面其问题所在，循序善诱，要求其改正缺点错误，提高水平层次。无论什么样的学生，都给予充分尊重，对学生以平视的角度、关爱的用语、实质的行动，打动感染学生。

二、坚持做学生学业的领路人和伙伴

高水平人才培养需借助高水平的研究。团队将有机废物资源化处理这一涉及我国生态文明建设和碳减排的重大需求作为研究方向，瞄准厌氧呼吸和微生物胞外电子传递的世界前沿开展基础研究，并针对厌氧产甲烷的技术障碍，开展技术攻关，以此带动高水平的人才培养。

案例 5 落实"立德树人"根本任务，贯彻以生为本育人理念

团队教师认为，研究生尤其是博士生的研究工作很艰辛，压力大。为此，团队教师不做只导不练的导师，做学生研究过程的陪伴者和伙伴，始终伴随其左右，随时协助学生，给予具体的、务实的指导，共同解决难题。

以亲力亲为的巨大付出，给研究生以务实的学业指导，逐步训练其科研创新能力。研究生在初入实验室时，往往无从下手，很多人因此而荒废大量时间，消磨了斗志。为了激发学生潜能，尽快让其融入研究中，团队导师投入极大精力，每天到实验室与学生交换信息，具体指导实验，及时发现问题，并调整、优化研究方案，帮助阶段总结分析数据，深度修改学生论文，使学生的研究快速进入状态。团队所带的研究生一般都能在同级同学中较早发表研究论文，学生因此获得能力提升和自信心，在之后的研究中他们会以更大的积极性更高效地开展工作。

团队教师以甘当人梯和奋发有为的精神，换得学生快速起步、激发潜能、锻炼才能，最终获得优异的科研成果和良好的职业发展机会。

三、坚持做学生生活上的知心朋友和服务员

团队教师认为导师是所带学生各项事务的第一责任人，这不仅包含学术责任，更包含思想政治责任、生活上的责任。如果所带学生的生活出现问题，而导师不管不问，则有失职之嫌。在指导学生过程中，始终以学生朋友和服务员的身份，及时服务、帮助学生。

在指导学生学业的过程中，充满人文关怀。学生出现的任何问题，均积极施以援手。学生感冒卧床，老师到学生宿舍探望慰问；学生家属住院或意外，老师把慰问金及时送到；学生婚礼或重大喜事，老师给予诚挚祝贺。

学生出现感情问题，老师积极与其沟通交流谈话，排除心结；学生与他人关系不睦，老师开展推心置腹的谈心，理顺个人关系；学生情绪低落，在与学生谈话的同时，老师安排其他同学陪伴相助。在培养学生中，老师始终以朋友和服务

员的心态,全程护航学生的健康成长。

通过长期坚持"品格塑造者""学业的领路人和伙伴""生活上的知心朋友和服务员"的角色扮演,团队育人成效显著。近5年,团队培养毕业博士生5人、硕士生18人;所指导学生先后获得奥加诺水质一等奖学金、唐孝严环境科学奖学金、辽宁省优秀博士学位论文、研究生国家奖学金等各项荣誉,为上海交通大学、天津大学、大连理工大学等"世界一流大学"、国外高校、中化集团等企事业单位输送人才。

案例成效

1. 2020年,于同学,指导教师:张耀斌,以第一作者在Nature Communications发表论文,获唐孝炎环境科学一等奖学金、奥加诺水质奖学金、研究生国家奖学金、校优秀博士论文单项奖学金、辽宁省优秀毕业生。

2. 2020年,杨同学,指导教师:张耀斌,博士期间发表第一作者SCI一区论文6篇(其中3篇nature指数期刊论文,1篇ESI热点论文),获研究生国家奖学金,大连理工大学优秀博士学位论文。目前在郑州大学任教。

3. 2018年,赵同学,指导教师:张耀斌,博士期间发表第一作者SCI一区论文7篇(其中2篇nature指数期刊论文),获研究生国家奖学金,大连理工大学优秀博士学位论文。目前在郑州大学任副教授。

4. 2017年,赵同学,指导教师:张耀斌,博士期间发表第一作者SCI一区论文12篇(其中4篇ESI高被引论文),获奥加诺水质奖学金、唐孝炎环境科学奖学金、辽宁省优秀毕业生。目前在大连理工大学环境学院任副教授,入选校星海骨干。

5. 2017年,李同学,指导教师:张耀斌,博士期间发表第一作者SCI一区论文7篇,获唐孝炎环境科学奖学金。目前在大连理工大学海洋科学与技术学院任教。

6. 2016 年，朱同学，指导教师：张耀斌，博士期间发表第一作者 SCI 一区论文 3 篇，目前在天津大学任教。

7. 2016 年，张同学，指导教师：张耀斌，博士期间发表第一作者 SCI 一区论文 11 篇，获辽宁省优秀博士学位论文、奥加诺水质奖学金。目前在上海交通大学低碳学院任博士生导师。

8. 2015 年，冯同学，指导教师：张耀斌，硕士期间发表第一作者 SCI 一区论文 5 篇（其中 2 篇 ESI 高被引论文，最高单篇 SCI 被引用 320 次），获王宝贞环境科学一等奖学金、辽宁省优秀硕士学位论文。

9. 2011 年，刘同学，指导教师：张耀斌，硕士期间发表第一作者 SCI 一区论文 6 篇，获辽宁省优秀硕士学位论文。后赴国外读博，入选国家海外高层次人才，目前在天津大学任教授。

导师团队寄语

按照"四个面向"要求，开展高水平、有用的研究，在解决"卡脖子"问题的同时，提升自身能力，准备为国家做出更大贡献。

案例分析

习近平总书记对研究生教育工作做出重要指示，他指出，党和国家事业发展迫切需要培养造就大批德才兼备的高层次人才。研究生教育在培养创新人才、提高创新能力、服务经济社会发展、推进国家治理体系和治理能力现代化方面具有重要作用。作为研究生培养与教育的主阵地和重要载体，研究生导学团队肩负着立德树人根本任务，承担着为党和国家培养社会主义合格建设者和可靠接班人的重要使命。案例中的有机废物新型厌氧处理技术团队，就是这样一支落实"立德树人"，贯彻以生为本理念，坚持"四个面向"，服务生态文明建设的优秀导学团队，其以学生品格上的塑造者、以学生学业上的领路人和伙伴、以学生生活上的知心朋友和服务员的心态，全力投入立德树人工作，保证学生学业成就和健康成长，并为未来发展打下良好基础的有效做法为构建良好导学关系、培养新时代优秀人才提供了有效借鉴。

首先，团队牢记立德树人使命，坚守教书育人职责，坚持做好学生品格的塑造者。有机废物新型厌氧处理技术团队认真学习领会习近平总书记关于高等教育和科学研究的讲话精神，认真履行教师职责，始终将思想政治教育融入学生日常教育与管理中，严格落实导师是学生第一责任人职责，在思想上、生活上、学术上加强教育引导，坚守科教兴国和为党为国育人的情怀，不断陶冶情操、提升格局，按照"四有好老师"的标准，严格要求自己，引导学生树立远大理想抱负，在服务国家中贡献自己的才能，实现人生价值。团队教师坚持正人先正己，时刻做到"为人师表"，谨记身教胜于言传，以务实高效、朴实无华、严于律己、率先垂范的工作作风，给学生打样树形象，以实际行动正面引导学生，切实做好学生品格的塑造者。团队导师坚守"为党育人，为国育才"的初心使命，全面了解、掌握每个学生的性格特征、思想动态、家庭情况等个人情况，及时了解学生的心理活动、行为趋向、实际困难，坚持因材施教，充分利用组会、谈心谈话等平台，针对不同学生，采取不同的谈话技巧和引导措施，对学生以平视的角度、关爱的语言，利用一切机会以实质行动予以学生关心和帮助，守护学生健康成长。

其次，团队坚持"四个面向"，瞄准科技前沿和关键领域，不断完善人才培养体系，积极营造共同奋斗、共同进步的导学氛围。2019年12月，十部委联合下发《关于促进生物天然气产业发展的指导意见》，首次将生物天然气纳入国家能源规划，到2025年，生物天然气将具备一定规模，生物天然气年产量超过100亿立方米，到 2030 年，规模位居世界前列，生物天然气年产量超过 200 亿立方米，占国内天然气产量一定比重。2020 年 9 月，习近平总书记在第七十五届联合国大会一般性辩论上向国际社会做出"碳达峰、碳中和"郑重承诺——能源清洁低碳转型。2021 年 3 月，在两会期间，"碳达峰、碳中和"被首次写入政府工作报告。面对国家发展的重大需求，团队将有机废物资源化处理这一涉及我国生态文明建设和碳减排的重大需求作为研究方向，瞄准厌氧呼吸和微生物胞外电子传递的世界前沿开展技术攻关，以此带动高水平的人才培养。团队导师在研究生培养的过程中坚持做学生的陪伴者和引导者，身先士卒、率先垂范，坚决不当甩手掌柜，每天到实验室与学生交换信息，随时协助学生，给予具体的、务实的指导，共同解决难题，导学团队共同在研究工作中奋斗、进步。团队导师在科研指导中亲力亲为，充分运用导师的科研经验，面对团队每一名学生，具体指导实验开展，及时发现问题，调整、优化研究方案，帮助学生有阶段性地总结分析数据，深度修改学生论文，帮助学生较快掌握科研技巧、提升工作能力、收获研究信心，促进团队的研究快速进入状态。正是在这种共学、同研、齐进步的氛围之下，团队聚焦生态文明建设中有机废物低碳资源化处理的重大需求和关键技术问题，将国家重大需求与生态环境热点前沿有机结合，分析了现有厌氧消化工程发酵速率慢、有机质转化效率低和系统稳定性差的"尴尬"局面，结合微生物种间电子转移的机理及应用这一 2020 年生态与环境科学领域 TOP10 热点前沿，发展了基于新型厌氧呼吸的有机废物处理技术与理论，形成从理论创新到工程应用的系列成果。

最后，团队坚持以育人成效衡量工作。团队坚持适应党和国家事业发展需要，紧紧围绕推动高质量发展、构建新发展格局，面对百年未有之大变局，培养服务生态文明建设、致力于守护碧水蓝天的高层次人才，打造乐学向学、友爱互助、共同进步的育人共同体。团队在研究生的教育培养中，深入贯彻落实导师是第一责任人，不仅在学术科研上高标准、严要求，在思想政治教育、生活、心理、就业、情感、家庭等各方面落实责任，始终以学生知心朋友和服务员的身份，及时服务、帮助学生，在指导、培养研究生的过程中，注重学生高尚品德的塑造，引导学生将个人理想融入国家发展，将专业知识与祖国生态文明建设紧密结合，面向世界科技前沿、面向经济主战场、面向国家重大需求、面向人民生命健康，携手同建生态文明，共守祖国碧水蓝天。近年来，有机废物新型厌氧处理技术团队科研成果突出，奠定了我校在国际厌氧消化领域的领先地位，授权发明专利11项（其中美国专利1项），成功应用于固废、高浓废水治理工程，为环境治理与生态文明建设做出了突出贡献。团队培养的研究生，多次获得研究生国家奖学金、中日奥加诺奖学金、北京大学唐孝炎环境科学一等奖学金、哈尔滨工业大学王宝贞环境科学一等奖学金等高竞争性全国性奖学金。近5年来，团队已培养毕业博士生5人、硕士生18人，团队培养的毕业生进入清华大学、上海交通大学、天津大学、大连理工大学、郑州大学、中化集团总部等"双一流"大学和央企总部工作，为祖国生态文明建设贡献力量。团队通过言传身教的思想引领、时刻陪伴的科研训练、爱生如子的以生为本理念，不断培养德智体美劳全面发展的社会主义合格建设者和可靠接班人，营造和谐融洽、共同成长的导学关系，构建了良好的育人共同体。

延伸阅读

我刚入课题组时，基础和学习态度都很一般，常躲在寝室打游戏。张老师知道后，就利用午休的时间到宿舍找我，当时我还在打游戏，张老师就跟我在宿舍内推心置腹地谈话，晓之以理，动之以情。张老师来宿舍找我的事情给我很大的触动，让我逐渐坚定了信念，不断努力。还有一次，我父亲从家乡到大连看病，在大医二院住院治疗。张老师知道后，详细向我了解病情，并到医院看望我父亲，送去大额慰问金。我爸拉着老师的手说："张老师您是孩子的贵人啊。"在张老师耐心的指导和亲切的关怀下，我进步很大。毕业时，我的学术业绩名列全校研究生前列，获得许多科研奖励。

——团队培养的毕业生刘同学

张老师尤其注重对人才的培养，花大力气、大精力去培养学生。我在攻读博士期间以第一作者身份在 Water Res.(环境工程 TOP3)、Chem. Eng. J(环境工程 TOP3) 等杂志上发表 SCI 论文 11 篇，其中 4 篇论文入选 ESI 高被引，获研究生国家奖学金、中国航天科技集团 CASC 专项奖学金、北京大学唐孝炎环境科学创新奖学金、奥加诺奖学金、省优秀毕业生、市三好学生等多项奖励，于 2017 年 10 月留校任教，2018 年 8 月获批青年人才基金，2019 年 12 月入选"星海骨干"，2020 年 12 月晋升副教授，并于 2021 年 7 月晋升博士生导师。

——团队培养的毕业生赵同学

（赵智强、李佳泽）

案例 6

育科研报国导学文化,树使命担当家国情怀

◎ 团队名称:微纳光电子集成器件研究团队

◎ 导师组成员:曹暾、崔祥辰、陈晓明、廉盟、贾婧媛、苏莹、任浩楠、毛立邦

◎ 在读学生成员:博士生 19 人,硕士生 59 人

案例导读

光电工程与仪器科学学院仪器科学与技术学科微纳光电子集成器件研究团队由曹暾教授作为带头人,组建起一支年富力强的科研团队,现有专任教师 13 人,其中教授 2 人、副教授 3 人、讲师 7 人、硕士 59 人、博士 19 人。团队成立以来,始终以立德树人为根本任务,坚守科研报国初心。不断提升导师队伍水平、完善育人管理模式,形成了具有"大视野、大胸怀、大担当、大格局"的导学思想,团队面向国家重大需求,致力于微纳功能材料设计、光电子器件的开发与应用研

究，建设科研基地平台，培养专业化科研创新人才，形成价值观反哺，进一步激发学生的爱国心、报国情、强国志，凝聚了"做隐姓埋名人，干惊天动地事"的精神共识。在团队的共同努力下，形成了高位推动、多点发力的工作模式，不断优化导师队伍工作机制，创新工作方式，提升补位意识，展现了高效率、高质量、高标准、严要求的团队风貌。

习近平总书记在全国研究生教育会议上指出，研究生教育在培养创新人才、提高创新能力、服务经济社会发展、推进国家治理体系和治理能力现代化方面具有重要作用。在研究生培养过程中，团队成员不断提高认识，始终牢记"为党育人、为国育才"的初心使命，并将"研究"思维贯穿于日常科研学习中，着力培养研究生的创新精神和开拓勇气，把科研高精尖、品质硬、底气足、眼光远作为自己的工作准则。

案例文本

一、强化思想引领

团队始终坚持引导学生将个人发展融入党和国家事业之中，不断探索为党育人、为国育才的新格局。一是强化党建工作的"头雁"效应。坚持支部建在"连"上，在课题组内加强党建工作，依托支部活动引导研究生聚焦"两会"精神、习近平总书记"七一"重要讲话精神等，开展系列学习活动，强调"读原著学原文悟原理"，不断深化学习实效，丰富团队成员理论武装。二是营造师生共学的良好氛围。团队教师以立德树人为根本任务，积极发挥思政工作导师第一责任人职责和作用。团队紧跟学校的思政工作安排，深入开展"导师带我学理论"活动，团队教师以组会交流等契机与研究生交流国际形势、就业意愿等，做到"因地制宜学、随时随地学、零散时间学"。此外，团队师生积极响应学校"导师+"工作号召，借助"导师+"系列文体活动平台，实现同台竞技、同台演出。三是弘扬爱校爱生的志愿精神。在疫情防控校园封闭管理期间，团队成员积极投身党员志愿先锋服务队，充分发挥党员的先锋模范作用，加强对身边同学的帮助引导，带头弘扬正能量，为广大学子树立了榜样。

二、坚持科研育人

团队坚持在国防军工项目中育人育才。十年树木，百年树人，结合国防军工放心课题项目多的优势，团队探索在国防军工项目中提炼育人元素。面向集成光学领域的导弹制导技术，团队带领研究生将学术探索与转化应用密切结合，鼓励创造实实在在的效益，为国防事业服务。在科研工作中，团队导师搭建桥梁，推进学生与国防科研人员的交流，在交流中感受国防科研人员的奉献精神和爱国主义精神，达到思想浸润的效果，进一步激发研究生的国家认同感和从事国防事业的自豪感，有效促进研究生在不忘初心、砥砺前行的氛围中释放专业能量，为国防建设的高新技术发展贡献力量。

团队坚持引导学生面向国家重大战略需求做科研。团队始终强调要把个人的兴趣爱好、追求、理想和国家重大需求结合起来，直面挑战，开拓创新。面向人民生命健康领域的短板，团队确立了超材料透镜、二维材料类脑元器件、光学手性筛选仪器三个主要研究方向，团队成员100%参与解决国家"卡脖子"的重大科技攻关，以服务社会主义现代化强国建设为己任，不断奋力攻坚，加快创新引领。

三、塑造团队文化

没有规矩，不成方圆。队伍建设和团队文化是团队发展前进的内在动力，团队十分注重保持良好的精神风貌和拼搏向上的态度。首先，在团队中，曹暾老师率先垂范，保持高强度工作的同时，也注重工作效率，他要求团队成员形成良好的工作习惯、制订工作计划、按期汇报工作进展。团队倡导人尽其才、各司其职，最大限度地发挥团队每位成员的能量，保证团队工作高效、有序运转。

其次，团队充分发挥朋辈引领作用，通过导师－博士生－硕士生的培养模式，分解目标任务，提升了工作效率，也培养了学生乐学、勤学、善思的优良学风。在疫情防控校园封闭管理期间，团队博士生因笔耕不辍、坚持科研，被大连市《半岛晨报》等多家媒体报道，起到了示范引领作用。

团队还十分关心学生个人发展，借助组会、调研、项目交流等机会，团队导师为学生讲述行业发展情况、国家政治、经济形势，以及学生个人就业问题等，形成了既有纪律又有温度的导学团队文化。在团队全体成员的共同努力下，研究生收获了多项荣誉，2人次获优秀共产党员称号，1人次获优秀团员称号，1人次获省优秀毕业生称号，2人次获校优秀毕业生称号，7人次获得硕、博研究生国家奖学金，累计金额达17万元，9人次获得硕、博优秀研究生称号，另外有3人次斩获TDK奖学金，1人次获得中国航天科技集团有限公司CASC公益奖学金。

案例成效

1. 2021年，包同学，指导教师：曹暾，全国光学与光学工程博士生学术联赛，东北赛区，三等奖。
2. 2020年，刘同学，指导教师：曹暾，第二届光电工程与仪器科学博士生论坛优秀学术论文，一等奖。
3. 近五年（2017届－2020届），累计9人获得优秀研究生称号。
4. 近五年（2017届－2020届），累计7人获得研究生国家奖学金。
5. 近五年（2017届－2020届），累计3人获得优秀研究生毕业生称号。
6. 近五年（2017届－2020届），累计2人获得优秀团员称号、1人获得优秀团员标兵称号。

导师团队寄语

希望研究生们在未来的科研道路上，着眼于国家重大需求，立足于科技创新，勇于挑战，努力解决国家"卡脖子"技术问题。坚定理想信念，厚植爱国主义情怀，以宽广的视野、饱满的精神、过硬的素质，为实现中华民族伟大复兴的中国梦不断奋勇前进，勇立潮头！

案例分析

党和国家在事业发展过程中迫切需要德才兼备的高层次人才，研究生教育是国家发展、社会进步的重要基石。习近平总书记强调，培养什么人、为谁培养人是教育的首要问题，我们的教育要培养一代又一代拥护中国共产党领导和我国社会主义制度、立志为中国特色社会主义奋斗终身的有用人才，绝不能培养社会主义的破坏者和掘墓人，绝不能培养出一些"长着中国脸，不是中国心，没有中国情，缺少中国味"的人。因此在研究生的培养过程中，必须牢牢守住立德树人这条生命线。微纳光电子集成器件研究团队就是这样一支具有家国情怀，矢志科研报国的队伍，并在近年的发展中，逐渐形成了"勇于探索、尊师爱生、严于律己、承前启后"的导学文化。

首先，微纳光电子集成器件研究团队在学生培养过程中十分重视提升研究生的自主学习能力和深挖探究能力，不断擦亮研究生教育过程中的"研"字底色，在导师的带领下，跟踪研究学术最前沿问题，拓宽学术视野。系统、持续地从事课题研究，加强学术训练，并产出大量科研成果。其中，包家昕同学获得2021年全国光学与光学工程博士生学术联赛东北赛区三等奖，发表 Research（Science 合作期刊）、*Advanced Functional Materials*、*Laser & Photonics Reviews*、*ACS*

Photonics, Advanced Optical Materials、*Nanoscale* 等重要学术期刊论文，参与 JW 科技委重大项目、GF 基础加强课题、国家重点研发计划课题、国际科技合作专项、国家自然基金、航空航天企业委托课题研究。此外，近三年团队共发表论文 150 余篇，授权国内外发明专利 50 余项，优秀教师和学生代表均已加入国家重大、重点国防项目，为国防建设的高新技术发展贡献力量。

其次，团队导师坚持既做研究生的学业导师，又做人生导师。以党建为重要抓手，团队教师积极向党组织靠拢，参与党支部的各项学习和党建活动，加强导师政治理论水平，坚定理想信念，不断提升导师队伍水平，真正做到"德高为师，身正为范"，磨炼了"打铁还需自身硬"的意志品质。在此基础上，团队依托研究生课堂、组会积极开展课程思政和"导师带我学理论"系列活动，团队导师加入"导师宣讲团"，通过多维度、高频次的言传身教，起到对研究生的思想引领作用。团队师生积极参加"导师+"文体活动，在挥洒汗水中敞开心扉，建立情感纽带，促进良好的导学氛围。团队把"不仅仅要做一支专业性强的队伍，更要做有温度的团队"记在心里。在组内学生罹患白血病后，导师第一时间为学生办理休学、申请临时困难补助，线上为学生答疑解惑，关心鼓励学生，真心实意为学生排忧解难，以情化人，形成了团队内部的情感"保温层"，加强了团队的向心力和凝聚力。

最后，微纳光电子集成器件研究团队始终恪守"严师出高徒"的理念，努力培养具有真信仰、真本领、责任感强、专业扎实、有创新精神和开拓勇气的研究生。古人云："师者，所以传道授业解惑也。"传道严，帮助研究生把握正确方向，树立正确的价值观。授业严，团队导师抱着严谨的治学态度和为每一位研究生负责的态度，因材施教，因势利导，分类培养，关心、重视研究生的成长和发展，帮助研究生筑牢科研根基，走好研途每一步。解惑严，团队导师定期与研究生探讨学术问题、答疑解惑，帮助研究生制订严格的科研计划，进一步引导研究生开阔视野、启迪思维。

团队秉持培养研究生大视野、大胸怀、大胆当、大格局的宗旨，以国家重大需求为牵引，引导师生为人民服务、为中国共产党治国理政服务、为巩固和发展中国特色社会主义制度服务、为改革开放和社会主义现代化建设服务。

延伸阅读

"我们的研究要以国家重大需求问题为导向，结合自身在本领域中的技术优势开展科研攻关。要多与应用单位交流，去寻找亟待解决的关键性问题。要从问题的本质入手，深挖科学内涵，用科学理论来指导技术创新。"这是团队曹老师对年轻老师和学生常说的话。曹老师还多次邀请领域内的著名学者专家来校做报告，交流国际学术前沿的最新进展，开阔研究生专业视野，激发科研报国的使命感与荣誉感，带动研究生勇于担当、勇于作为。

——现团队成员、讲师苏莹

曹老师非常注重团队凝聚力和向心力的建设，经常与团队中老师一起探讨发展方向、个人定位分工、学生指导等问题，在科研过程中遇到难题时会召集所有成员一起寻找解决方案，增强团队成员的归属感和责任感。因此，团队年轻老师目标明确，动力十足。

——现团队成员、讲师贾婧媛

我们团队承担的大多都是一些航天航空领域中的技术难题，任务就是在规定的时间内将问题解决好。我们团队是一支年轻的队伍，在经验和阅历上都有欠缺，但是既然有这么难得的机会，可以将所学所研有所用，我们一定全身心投入，利用好这个平台，培养自己的创新精神与实践能力，坚持攻关，学会享受科研的乐趣。

——现团队成员、讲师廉盟

"学为人师，行为世范"，曹老师用自己的人格魅力感染着身边的每个人。曹老师常年如一日工作在科研和教学第一线上。每次路过老师的办公室，总能看到他在电脑前专心工作的侧脸，这个侧脸总会提醒我们自己不浪费光阴、努力进行科研。曹老师将审问慎思、明辨笃行的科研精神，实事求是、绝不弄虚作假的学术道德言传身教给了学生。生活中，他同时是亲切的师长和知心的朋友，任何麻烦和心事都会努力帮我们解决。曹老师用自己的方式践行着"勤奋、严谨、求实、创新"的大工人的工匠精神。

——现团队成员、在读博士生王同学

曹老师常说"师傅领进门，修行在个人，学会如何自学才能称得上一名真正的研究生"。因此，每一名进入师门的研究生，曹老师最多会给予一个大体的研究方向，真正找到感兴趣的并且可行的研究问题是需要每名研究生自己独立完成的。在这个过程中，学生也学会了如何发掘一个个的研究热点，采用什么研究方法，遇到难题可以用什么办法解决。当然，当学生遇到超出自身能力范围的问题时，曹老师总是很积极地启发学生，以自己的学术和执教水平来帮助学生克服论文研究过程中那些不能轻易跨过的"坎"。

——现团队成员、在读博士生刘同学

（贾婧媛、梁栋）

案例 7

坚持"服务需求,创新为本",培育新时代领军人才

◎ 团队名称:生物工程学院生物医药与医学吸附材料团队

◎ 导师组成员:贾凌云、杨君、徐永平、刘田、韩璐璐、姬芳玲、任军、高晓蓉、李晓宇

◎ 成员:博士生 27 人,硕士生 40 人

案例导读

生物工程学院生物医药与医学吸附材料团队紧密围绕国家重大产业需求,以国家级项目为依托,聚焦前沿科学问题及产业技术瓶颈,旨在培养拥有家国情怀、具有攻坚克难能力的、有勇气、有豪气、有担当的国家栋梁之材。团队在贾凌云教授的带领下,全体导师坚持立德树人根本任务,扎根祖国大地,与学生共同奋斗在科学研究的第一线,取得显著成效。

近 5 年，团队在 Advanced Science、Advanced Materials 等高水平国际期刊发表多篇研究论文；专利成果成功实现产业转化，仿生蛋白 A 高选择性抗体吸附柱专利授权广东百合医疗科技有限公司使用，实现年产 20 万支批量生产能力，培养出辽宁省优秀博士、硕士学位论文获得者（2020 年）、辽宁省优秀毕业生、大连理工大学博士论文特别奖获得者等众多优秀学子。此外，团队注重培养"德智体美劳"全面发展的复合型人才，特别注重研究生创新创业意识和能力的培养和开发，团队研究生获得第十二届"挑战杯"中国大学生创业计划竞赛金奖（1 项），这为我校在该竞赛中取得的历史最好成绩；同时，还荣获第五届全国大学生生命科学创新创业大赛一等奖（1 项）、2020 年"挑战杯"辽宁省大学生创业计划竞赛金奖（1 项）。团队导师亦通过广泛的国际合作，培养研究生的全球视野，以国家留学基金委创新型人才国际合作培养项目为依托，同相关专业排名全球前 50 的高水平大学合作，连续派出优秀研究生前往学习交流。

案例文本

团队始终坚持"服务需求，创新为本"的发展理念和"立德树人，科研报国"的育人理念，在多项"卡脖子"问题上实现突破，并在此过程中培养出具有创新意识，能够扎根祖国大地、服务国家需要的高层次人才。同时构建全方位导师组活动，实现教师个人发展和学生素养的共同提升。导师组活动可以是全员导师和学生共同参与，也可以是局部范围进行。通过小组讨论，定位个人在团队中承担的角色及其相应的责任，增强协作意识，提升服务态度，倾听并尊重他人意见，主动与其他成员共享信息，合作共事，共同完成项目，让导师的榜样作用得到最大限度的发挥，促进师生共同发展。

一、不惧疫情，勇于担当

疫情之下彰显担当，为攻克新冠肺炎治疗难点争分夺秒开展科研攻关。新冠肺炎疫情暴发后，贾凌云教授深感作为生物工程领域科研工作者的责任，率研究生攻坚小队第一时间开展疫情科研攻关。她以学科视角和敏锐的洞察力，针对炎症风暴导致新冠病毒重症患者器官功能衰竭产生高死亡率的难点问题，迅速提出精准血液净化去除关键促炎因子阻止炎症风暴的问题解决思路。在此之前，贾凌云教授的精准血液净化理论研究得到了国家"十三五"重点研发项目和大连市双重项目支持。疫情发生以来，她带领团队分秒必争、夜以继日地展开文献调研和讨论，《抑制炎症风暴特异性 TNF-α/IL-6 炎症因子血液净化吸附柱》的项目建议书得到科技部和省市领导高度重视，获批辽宁省疫情防控应急科研攻关项目。组织组内 30 余人的研发队伍全力投入救治新冠肺炎患者应急产品开发，解决了关键原料——肿瘤坏死因子-α（TNF-α）和白介素-6（IL-6）特异性纳米抗体的规模化发酵生产、血液净化吸附材料合成工艺开发以及放大、无菌灌装、质量体系建立等技术和工程化难题，于 3 月中旬完成了中试规模样品生产。体外性能评价显示，该产品对炎症风暴关键促炎因子的清除率可达到 85%，炎症因子的及时清除将有效抑制全身性炎症反应对病人组织器官的免疫损伤，同时不去除血浆中的有用蛋白，副作用小。

新冠肺炎重症、危重症治疗指导原则和专家共识均强调了血液净化清除炎症因子对病人救治的重要性，但现有血液净化技术对炎症因子的清除效果均不够理想。该产品的成功开发，有望成为国际首款特异、高效清除促炎因子的血液净化吸附柱，将为新冠肺炎重症、危重症患者的治疗提供一种全新的技术手段。

二、深耕创新，追赶前沿

循环肿瘤细胞（Circulating Tumor Cells, CTCs）是指从实体瘤组织脱落进入外周血循环的肿瘤细胞，与癌症的发生发展及转移复发密切相关。近年来，发展人体外周血中 CTCs 的分离检测技术已成为癌症精确诊断和个性化治疗的重要方向和热点领域。由于外周血中的 CTCs 具有异质性且数量极其稀少（1 个 CTC/10^8 血细胞），目前已发展的外周血 CTCs 检测技术均存在广谱性较差、灵敏性不高等问题。一系列研究已表明，合成制备的纳米材料可以促进细胞与其表面的相互作用，提高 CTCs 在其表面的黏附，但因为作用力有限，必须依赖在其表面修饰特异性生物分子（抗体、适配体等）才可实现 CTCs 高效捕获，但该类技术外周血中 CTCs 的异质性仍无法有效解决 CTCs 检测的假阴性问题。

该种新型材料成功应用于不同癌种患者外周血 CTCs 的临床检测，对覆盖 8 种类型癌症的一定数量晚期癌症患者，抽取 2 毫升血液样本，实现 CTCs 的 100% 检出率，并同时检测出数量更为稀有、转移潜力更强的 CTC 团簇（CTC clusters）；对早期乳腺癌患者，抽取 4 毫升血液样本，CTCs 检出率达到 90%。

此项研究首次利用天然菊科花粉制备出一种与癌细胞具有诱导强结构互补作用的纳米笼材料，该材料制备方法简单、稳定性好，在不修饰任何功能分子的情况下从病人外周血中实现了广谱、高效的 CTCs 和 CTC 团簇的捕获，为 CTCs 的临床检测与分析应用提供了新技术和新方法。

上述成果发表在国际材料科学领域权威期刊 *Advanced Science* (IF15.8/Q1) 上（DOI: 10.1002/advs.202002259），第一作者为姜文宁博士生，获大连理工大学"学术之星"提名奖。

三、绿色替抗，红色征途

2020 年是我国饲用抗生素禁用元年，也是打赢脱贫攻坚战的决胜之年。为响应乡村振兴战略，8 月 10 日，徐永平教授带领大连理工大学生物工程学院"绿色助农，乡村振兴"实践团队兵分两路，深入河南、河北和甘肃开展为期 10 天的"绿色助农，乡村振兴"红色之旅主题实践活动。团队由 3 名博士、7 名硕士组成，在贾凌云、徐永平等教授指导下，依托"特异性卵黄抗体"技术，旨在加速我国畜牧养殖业走出抗生素滥用之困局，提升养殖收益，助力乡村振兴。

在实践的10天时间里，团队10余名成员在做好抗疫防护的情况下，顶着盛夏酷暑，深入华北和西部的养殖业密集区基层，奔波2000余公里，足迹遍布河南尉氏、民权、柘城、郾城，河北阜平、正定，甘肃通渭、陇西等10余个县市，对6个规模化养殖场及50余名养殖散户进行了细致的走访。实践团队得到了地方政府的关注和支持，受邀与地方畜牧部门进行座谈，团队详细了解了当地养殖业的最新政策风向，并就政府部门关心的养殖疫病防控领域最新科研成果做了分享，经过实地考察与科学论证，与甘肃省定西市通渭县榜罗镇先锋村签订对口帮扶协议，让最新的科研成果走进贫困地区，惠及基层老乡，用实际行动助推脱贫攻坚。

调研过程中，基层养殖户的情况让团队成员非常痛心。基层养殖户严重缺乏养殖技术、科学管理和用药指导，养殖动物往往因为感染疫病而大量死亡，造成巨大经济损失。了解到养殖户面临的困境之后，实践团成员通过积极沟通，为养殖户带去了大连理工大学动物生物技术与营养实验室联合大连艾格优科生物技术有限公司共同研发的最新科研成果，一种基于卵黄抗体技术的绿色替抗产品——"伊片好"。老乡们在深入了解该产品后，主动与实践团签订了多份特约养殖户协议，并由大连艾格优科生物技术有限公司指导其全年养殖用药并提供养殖技术支持。为促成大连艾格优科生物技术有限公司、大连理工大学生物工程学院与甘肃省定西市通渭县榜罗镇先锋村的帮扶合作，生物工程学院党委书记、院长贾凌云教授，国家杰出青年科学基金获得者、动物生物技术与营养实验室带头人徐永平教授等9人与甘肃省住建厅团委副书记马涛、榜罗镇人大主席刘书盛、先锋村党支部书记刘志斌、先锋村驻村组长苏恒晟和驻村帮扶工作队队长汪振洋等14人召开了视频会议，介绍了科技扶贫及"卵黄抗体"项目背景，研讨了对口帮扶的若干内容，实践团队代表大连理工大学生物工程学院和大连艾格优科生物技术有限公司与先锋村签订了对口帮扶协议。

短短 10 天时间，在华豫、燕赵大地和大西北阳光映照下，大连理工大学的生工人不断践行新时代青年学子的使命担当，在象牙塔和草根之间穿梭、穿越，汲取营养，凭学人的理性、青春的激情和新时代青年的家国情怀，誓用生物技术助力脱贫，惠及三农，将"知识的传播才是生产力，科研的落地才是原动力"的宗旨充分展现。

案例成效

1. 2020 年，杨同学，指导教师：贾凌云，辽宁省优秀博士学位论文。
2. 2020 年，祁同学，指导教师：刘田，辽宁省优秀硕士学位论文。
3. 2020 年，徐同学，王同学，丛同学，等，指导教师：徐永平，崔强，王旭，第十二届"挑战杯"中国大学生创业计划竞赛，金奖。
4. 2019 年，臧同学，韩同学，赵同学，等，指导教师：杨君，韩璐璐，孜力汗，2019 年国际遗传工程机器设计大赛（简称 iGEM），最佳单项奖提名。
5. Wenning Jiang（博士生），Lulu Han（导师），Liwei Yang（博士生），and Lingyun Jia（导师）. Natural fish trap-Like nanocage for label-free capture of circulating tumor cells. Advanced Science. 2020, 7(22), 202002259.
6. Chundong Huang（博士生），Jun Ren（导师），Fangling Ji（导师），Serge Muyldermans, Lingyun Jia（导师）. Nanobody-Based high-performance immunosorbent for selective beta 2-microglobulin purification from blood. Acta Biomaterialia, 2020, 107: 232-241.
7. Liwei Yang（博士生），He Sun, Wenning Jiang（博士生），Ting Xu（博士生），Bing Song, Ruilian Peng（硕士生），Lulu Han（导师），Lingyun Jia（导师）. A Chemical Method for Specific Capture of Circulating Tumor Cells Using Label-Free

Polyphenol-Functionalized Films. Chemistry of Materials, 2018, 30(13), 4372-4382.

8. Qiang Peng（博士生）, Berlin Zang（博士生）, Wei Zhao（硕士生）, Da Li（博士生）, Jun Ren（导师）, Fangling Ji（导师）, Lingyun Jia（导师）. Efficient continuous-flow aldehyde tag conversion using immobilized formylglycine generating Enzyme. Catalysis Science & Technology, 2020, 10: 484-492.

9. Liwei Yang（博士生）, Lulu Han（导师）, Qi Liu, Yige Xu, Lingyun Jia（导师）. Galloyl groups-regulated fibrinogen conformation: Understanding antiplatelet adhesion on tannic acid coating. Acta Biomaterialia, 2017, 64:187-199.

10. 贾凌云（导师）, 杨同学（博士生）, 韩璐璐（导师）, 任军（导师）, 利用多酚类化合物在材料表面实现血小板图案化的方法, 专利号: CN201610818927.5, 申请日 2016-9-12, 授权日 2019-06-25.

导师团队寄语

向书本学习、向他人学习、向实践学习，勤奋努力、脚踏实地、不断拓宽视野、增长才干、提高创新能力，希望同学们在追寻生命意义的过程中，创造更多的奇迹，享受奋斗者的快乐，努力成就更有价值的人生。

案例分析

"致天下之治者在人才，成天下之才者在教化"，研究生教育承担着培养高层次人才和提供高水平创新的重大使命，导师作为研究生教育的首要主体和责任人，在研究生培养过程中起着至关重要的作用。导师团队对学生的教育不仅体现在学术水平，更重要的是理想信念的塑造和科研能力的培养。生物工程学院生物医药与医学吸附材料团队始终坚持立德树人根本任务，以身示范，把对学生创新意识的培养和科研实践能力的提升放在首位,致力于培养出不仅会解决问题,更会提出问题的行业领军人才,值得学习和借鉴。

首先,团队重视创造规范良好的导学环境,为人才培养打下组织基础。团队率先在学院中引入学生自治委员会,组成规模化的学生自治机构。大课题组作为统一整体,组内分为学术科研中心、实验安全中心、文体活动中心、宣传中心等多个团体,分别负责学术沙龙、科研讲座研讨会、团建活动等内容,全员分工明确,各司其职,不断建立起全体参与、互帮互助、互相监督的和谐秩序,在提升组内凝聚力的同时,为育人工作创造了有利环境。

其次,团队牢固树立"科研报国、科技为民"的培养理念,传递科研报国思想,培养应用型复合型人才。团队全体导师牢记党的十九届五中全会对科技创新提出的"面向人民生命健康"的新方向,立足国家需求和学科前沿,围绕新冠肺炎、循环肿瘤细胞、抗生素等多个"卡脖子"问题不断深耕,并通过课题组会、学术交流、实地调研、社会实践等多种形式不断将这一理念渗透到研究生教育培养过程中。团队鼓励学生走下课堂,走入社会,建立"导师引领、服务社会、学用结合"的培养模式。团队通过引导研究生积极参与学科汇聚融合和交叉培养的实践,使创新方向与学科领域相契合,将科研成果带到祖国大地,解决人民亟须解决的问题,同时反哺培养模式的优化,形成良性循环。

最后,团队扎实做好人才培养工作,破除"五唯"评价方式,注重学生各项能力的全方位提升。当前我国面临的诸多"卡脖子"问题,表面上卡的是技术,实质上卡的却是人才。团队认为,学生发现问题、提出问题要比解决问题更加重要,不断在育人能力上下大力气。在贾凌云教授的带领下,团队形成导师-研究生相互促进的学术共同体,研究生培养质量不断提升。五年来,团队通过不断探索和努力,已培养博士17人,硕士87人,涌现出"国家奖学金""辽宁省优秀毕业生""省优秀博士、硕士论文"获得者等多名优秀学子,团队获得第十二届"挑战杯"中国大学生创业计划竞赛金奖,这是我校在该竞赛中取得的历史最好成绩。团队毕业生目前在祖国各地从事着生物工程领域相关工作,努力践行着生工人的时代责任。

延伸阅读

"古语云:'师者,所以传道授业解惑也。'贾老师(贾凌云老师)不仅传我科研之道在于脚踏实地做实事,在于为社会做贡献,更让我懂得人生之道在于敢于尝试,不畏失败。也是贾老师将我领入生物医学吸附材料领域,在科研、生活以及未来规划上给予我无微不至的关怀和指导。而每当我实验不顺利或得到失败的结果时,贾老师也总会耐心开导并且提出新的思路与解决方案。非常幸运能拜入贾老师门下,老师的教诲受用终生。"

——团队培养的2019级在读博士生 彭同学

"贾老师(贾凌云老师)为人谦和、学识渊博、思路开阔,在整个研究过程中经常询问我实验进程,并为我指点迷津,帮助我拓展思路。她严谨的科研态度使我受益匪浅,训练了我科学的研究思维和方法,锻炼了我独立思考、学会创新、分析问题和解决问题的能力。犹记得与贾老师初次见面,她讲我们要做真正有用的科研,从社会需求出发,以科学手段解决问题,做出贡献。她严谨认真的科研态度,忘我无私的工作热情,乐观豁达的性格,时时帮我拨开迷雾,培养了我发现问题和解决问题的能力,坚定了我学以致用、造福社会的信心。此外,贾老师在生活中也对我耐心教导,教我做人做事,她积极乐观的生活态度和对事情的执行力一直是我学习的典范。"

——团队培养的 2018 级在读博士生 张同学

"如果把我们团队比喻成一艘航船,那么徐老师(徐永平老师)就是那扬起的风帆,为我们提供前进的方向和动力。在浩瀚的学术海洋中,我们所收获的不仅仅是领域中越来越多的专业知识,还有老师以自己的人生阅历凝练的方式方法。每当我在科研或者生活中遇到瓶颈,都会想起徐老师曾多次给我们分享的充满智慧的做人做事做学问的原则,它就像一个标杆,指引着我朝着前进的方向不断努力,也给我注入了源源不断的动力。'蓬生麻中,不扶而直',正是在我们团队提供的优秀平台上,我们的各方面能力都得到了充分的发展,我们有信心也有能力在科研的路上披荆斩棘!"

——团队培养的 2020 级在读硕士生 刘同学

"第一次与课题组正式接触其实是在入学前的组会上,组会上每天都会有师兄师姐汇报课题进展、文献,我被课题组里面浓厚的科研氛围深深地感染着。带着一丝焦虑与期待正式迎来了我的研究生生活。起初我对一切还是很茫然的时候,团队老师耐心地教我怎样才能更好地阅读国内外文献,如何扩展自己的理论体系与知识结构,在老师的帮助与项目的支持下,我很快地确定了自己的研究内容。无论是科研还是生活方面,李老师都给予了我极大的帮助,让我感觉到温暖和感动!"

——团队培养的 2020 级在读硕士生 李同学

"刘田老师是一个很纯粹的人,对科研发自内心地热爱,对工作一丝不苟的态度，对生活积极向上的心态，总是能感染身边的许多人。跟随刘老师的学习过程中，我们受益良多。每次组会时，对于各种精选文献的实验结果的分享与讨论，让我们收获了科研上的批判性思维。每次总结日常实验时，对实验流程的确认以及对结果的批判性分析，让我们养成了良好的实验习惯和科学的思考方式。刘老师不仅在科研学习上为我们指引方向，在为人处世上也是给予谆谆教诲，要谦逊，要勤奋，要乐于分享，要团结协作。对科研认真又大胆突破，对学生严格又热情的刘老师，一直是我们学习的榜样！"

——团队培养的2020级在读博士生 祁惠棠

（姬芳玲、隋晓妍）

案例 8

率先垂范树报国之志，因材施教铸栋梁之材

◎ 团队名称：电子信息与电气工程学部智能图像分析与理解导学团队

◎ 导师组成员：卢湖川、李建华、张立和、王栋、戚金清、朴永日、赵文达

◎ 在读学生成员：博士生14人，硕士生48人

案例导读

电子信息与电气工程学部智能图像分析与理解导学团队，由兼职院士何友院士、卢湖川教授、李建华教授、张立和教授、王栋教授、戚金清副教授及多名博士后为导师组，带领近百名博士/硕士研究生为主体构成。团队秉承"三全育人"的教育理念，培养"德智体美劳"全面发展的社会主义合格建设者和可靠接班人，构建了特色鲜明的拔尖创新人才培养体系。团队的先进事迹被人民网、科学中国

人等主流媒体广泛报道。

多年来，团队教师坚持以立德树人为根本任务，坚守为党育人、为国育才的初心使命，矢志科研育人、科技报国，鼓励学生充分发挥勇于担当、吃苦耐劳的精神，积极投身科学研究和社会服务。团队聚焦计算机视觉和人工智能领域前沿理论及算法研究，同时面向社会需求推动，深耕十余年，将视觉目标跟踪、显著性检测等多种计算机视觉任务推进到国际前沿，连续五年蝉联国际顶级视觉目标跟踪竞赛冠军。众多研究成果在中央军科委以及十余家国际500强企业中得到转化应用，助力"科技创新2030——新一代人工智能"等多项国家重大项目课题。团队学生在教师的指导与支持下，学以致用，组建"视网摩"团队，在理论成果的基础上，进行AI视觉产业转化探索，斩获第七届中国国际"互联网+"大学生创新创业大赛银奖。

案例文本

团队在研究生培养中始终秉承"三全育人"的教育理念，全面贯彻党的教育方针，坚持立德树人，不断增强学生的社会责任感、创新精神、实践能力，提升学生的综合素质，形成了一支勇于创新、敢于拼搏、吃苦耐劳的研究生导学团队。

一、教书育人、敬业爱生

智能图像分析与理解导学团队中的教师都坚守着为党育人、为国育才的初心使命，不断加强自身的政治理论学习和师德修养，以过硬的政治素质、高尚的道德情操、严谨的治学态度、踏实的工作作风、乐观的生活态度来营造实验室内良好的工作、教书、指导氛围，用切身实际行动来言传身教，使每一名教师都能切实成为学生的表率。

团队负责人、国家杰出青年基金获得者卢湖川教授认为："教书育人是一个良心活,需要教师全身心地付出并持之以恒,才能培养出对国家、对社会、对民族有益的公民。"教书育人是个投入大、过程长、见效慢的良心活儿;想同学之所想、急同学之所急,发自内心、不计功利的付出是团队每一位教师的"常态"。

团队教师注重培养学生的主观能动性,学生在进入实验室之前,老师会与每一位学生进行细致的沟通,了解学生的性格特点、人生规划等,以便能够综合考虑每个学生的兴趣、未来规划和团队需求,为他们安排具体的培养方向。团队内根据研究课题内容大致划分为三个科研小组,每个小组都有经验丰富的老师和高年级博士来帮助刚刚加入的学生安排学习任务、答疑解惑,减少科研弯路,大大加快了学习进度,形成了良性循环;教师们带领科研小组定期召开组会交流,悉心聆听学生汇报科研工作,并提出指导性意见。同时,在组内实行"一对一"帮扶政策,每一个低年级学生都配有优秀的博士师兄师姐指导,使他们能快速适应科研环境,增强团队归属感。

二、严谨求实、至诚报国

治学需要严谨求实,该团队的建设和发展更是体现了大工人的严谨求实精神,团队着重培养学生的爱国、报国情怀,把学生的报国之志融入祖国改革发展的伟大事业之中,融入人民创造历史的伟大奋斗之中。团队负责人卢湖川教授以身作则,充分发挥党员的先锋模范作用,不但在国际顶级刊物发表论文、主持科技部重大科研项目,而且在教学科研中高标准、严要求,对待学术始终秉持高度负责的态度,为在校师生树立了很好的榜样。他循循善诱的学术指导、谦和严谨的治学作风让学生们由衷地感到敬佩,这种严谨求实的态度也在团队内得到继承和发扬,教研室学习氛围浓厚,学生认真对待科研任务,立志于研究造福社会的新技术。

为了保证科研质量,团队要求学生的论文投稿均要面向国际顶级会议和期刊,虽然这一要求加大了学生发论文的难度,但也端正了学生的科研态度,提升了教研室整体的科研质量和论文水平。对于计算机视觉这项更新迭代快速的新技术，前人的研究经验以及代码的可实现性是研究工作顺利进展的重要因素，因此团队内所有完成的研究工作、发表的论文基本将代码开源，方便感兴趣的研究者参考改进，为该领域取得更多的研究进展做出贡献。团队也定期开展论文讨论会，让学生能够高效、快速地了解相关领域最新的研究成果，并讨论能够进一步改进、研究的方向。

三、全面培养、视野开阔

除了团队内部营造科研氛围，建设导学文化，培养学生的国际化视野和全方位的技能，团队每年还对优秀研究生进行资助，参加高水平国际学术会议、开展博士生联合培养、赴境外名校进行学术交流等，学生可以多方位多视角地了解国际最前沿的研究成果，感受国际高校的校园文化和优良学风，提高学生们的思维水平和创新能力。

除了理论研究，团队也深刻意识到，在当下的智能化时代，计算机视觉技术的研究突破是能够为人们的生产生活方式带来颠覆性变革的，因此也十分注重推动计算机视觉的产业化应用，培养学生的工程实践能力。团队已经与华为、阿里巴巴、腾讯、Adobe、百度、微软亚洲研究院、今日头条、美团等国内外知名企业和研究院所展开深入合作，每位学生都能得到去互联网领军企业进行实践锻炼的机会，为将来走向社会、用自己的知识储备促进计算机视觉技术快速走向产业化落地积累经验、奠定基础，助力我国实现科技强国。

团队通过对学生进行就业引导，深植家国情怀教育，培养出大批优秀毕业生在国内外知名高校、科研机构、AI龙头公司等就业，服务于国家人工智能和智能信息领域的建设和发展。

案例成效

1. 李同学，等，指导教师：卢湖川，王一帆，王立君，等，第七届中国国际"互联网+"大学生创新创业大赛，师生共创组，银奖。

2. 严同学，王同学，代同学，指导教师：王栋，王立君，国际视觉目标跟踪竞赛（VOT）长时组、实时组、RGBD组赛道，冠军。

3. 代同学，指导教师：卢湖川，华为天才少年计划（东北地区唯一）。

4. 张同学，指导教师：卢湖川，中国图像学会(CSIG)优秀博士论文。

5. 代同学，指导教师：王栋，卢湖川，CCF-A类会议 IEEE Conference on Computer Vision and Pattern Recognition（CVPR），最佳论文提名。

6. 王同学，指导教师：卢湖川，中国图像学会(CSIG)优秀博士论文。

7. 孙同学，指导教师：卢湖川，中国人工智能学会(CAAI)优秀博士论文。

8. 近五年（2016-2021），研究生以第一作者在IEEE顶级期刊、CCF A/B类会议发表高水平学术论文100余篇(包含5篇Oral论文，1篇最佳论文提名)。

9. 近五年（2016-2021），研究生获辽宁省优秀博士论文1篇，辽宁省优秀硕士学位论文4篇。

10. 近五年（2016-2021），研究生获大连理工大学博士生学术之星或提名3人次、优秀研究生称号4人次、国家奖学金7人次。

导师团队寄语

愿你们永远谦逊刻苦，永葆科研热情，心系家国，志存高远。愿你们走出大工，走向人工智能领域，擦亮计算机科学的眼睛，让中国看到科技强国的光明未来！

案例分析

研究生的教育培养要符合时代需求，服务国家和社会经济的进步，作为研究生教育培养的重要载体，导学团队在研究生成长成才过程中的作用发挥值得深入研究。案例中的智能图像分析与理解导学团队在日常工作设计及学生管理中积极思考团队作用的有效发挥，通过团队导师的言传身教和团队优秀的"一帮一"定制化发展规划设计，让学生在同导师和学长的交流中深埋爱国情怀，把个人的发展和国家的需要紧密地结合，而差异化方向的培养模式也让有不同特长的学生在研究生阶段投稿、竞赛、实习等形式多样的学习中都得到能力的锤炼。团队在营造良好的导学氛围、打造团队师生积极向上奋勇向前的精神风貌上，都为广大研究生导师提供了很好的借鉴。

首先，团队坚持"以生为本，立德树人"的教育培养目标和工作方向，团队教师率先垂范，在工作中以国家的需要为努力方向，团队的研究方向与国家发展相契合，工作中突出对国家、社会的贡献。团队教师在与学生交流中，注重对学生潜移默化的影响，通过深入了解学生的个人状况、个人发展规划和实际情况等，教育引导学生把自身的努力方向和国家的发展方向相统一，将青春之小我融入国家发展的"大我"，把个人的梦想同中国梦相统一。团队老师政治素质过硬，明确"立德树人"的根本任务，由学科带头人率先垂范，在科研指导、个人发展、政治引领、兴趣培养等方面对学生进行全方位的培养和教导，努力培育德智体美劳全面发展的新时代研究生。研究生和导师在日常的科研交流、组会、党日活动、团建活动中进行全方位的交流互通，进而强化师生、组内同门间的关系，凝聚了统一的发展前进方向。

其次，团队坚持对学生的高标准要求，要求学生的努力方向要面向国际顶级会议和期刊。这一"入门"的团队要求，从一定程度上端正了学生最开始的科研态度和读研动机，提升了团队整体的严肃科研、认真对待研究生科研工作的氛围。对于计算机视觉这项更新迭代快速的新技术，科研工作的"传承"尤为重要。意识到了这一点，团队将所有成员完成的研究工作内容、发表的论文基本代码开源，方便感兴趣的后续研究者参考改进，为团队在该领域取得更多的研究进展做出贡献，"开源共享"的研究氛围也让团队师生更乐于展开有关研究的讨论和交流。团队内也会针对不同的研究方向和课题定期开展讨论会，从国家需求、国际研究进展等多方面讨论下一阶段研究方向，在良好的互助互进氛围内提升研究水平，打造一流的科研攻关团队。

最后，科研团队紧抓时代脉搏，充分意识到在当下的智能化时代，计算机视觉技术研究的产业化应用的重要性，注重培养学生的工程实践能力，提高学生在就业、服务社会中的能力。团队师生重视和市场的接触，主动与国内外知名企业和研究院所进行深入合作，并积极鼓励各层级学生都到研究领域领军企业中进行实践锻炼，为将来走向社会、用自己的知识储备促进计算机视觉技术快速走向产业化落地积累经验、奠定基础，助力我国实现科技强国。

延伸阅读

2022 年已经是我在 IIAU 团队的第七个年头。初入实验室时，我还是一个连查阅文献都不熟练的科研小白。在卢老师组织的每周组会中，我从优秀的师兄师姐身上学到了许多科研经验，并得以迅速成长。IIAU 团队一直是一个团结友爱的大家庭，卢老师每年都会组织团建活动、毕业生欢送会，给每一个同学的心中都留下了一份美好的回忆。在学生培养中，卢老师会为每一个学生规划科研发展道路，并不遗余力地为毕业生推荐工作，让我们能够安心地搞科研，做学术。除此之外，卢老师还特别注重学生的交流能力，在卢老师的帮助下，我曾多次参加国际顶级会议进行学术交流，并在 2019 年到美国 ADOBE 公司进行实习。这些交流经历不仅开拓了我的眼界，更让我认识到我与优秀学者之间的差距，这使我更加勤奋努力，投身于科研学习中。

——团队培养的毕业生 张同学

很幸运能够加入卢老师指导的 IIAU-Lab 这个和谐友爱、充满活力的大家庭。卢老师以严谨求实的科研作风严格要求团队，让我从一个科学门外汉蜕变成为一名科学探索者。在生活上，卢老师尽最大努力给予我精神及物质上的支持，以保障科研工作的顺利进行。除此之外，卢老师鼓励并资助我进入顶尖企业学习交流（阿里巴巴-达摩院）以及参与国际学术交流会议（CVPR2019），使我有机会同国内国际顶尖的科研工作者们交流经验。锦上添花易，雪中送炭难，每当我在科研道路上碰壁，卢老师都会耐下心来分析问题所在，并使我明白"只有失败，才能感悟差距，才有机会成长"的道理。

——团队培养的毕业生 冯同学

科研无捷径，只要肯攀登。这是卢老师对在 IIAU-Lab 的学生们最朴素的要求。面对我科研道路上的起起伏伏，卢老师总以包容的态度收纳学生的坎坷，并以极其热情的言语指明我前进的方向。想起初入实验室时，虽然知识底子较薄，科研功力尚浅，但很感谢实验室老师们和师兄师姐们的不吝指导，帮助我从科研的泥泞小路驶向平坦大道。而如今，已在实验室求学数载，更是从卢老师的科研精神中收益良多：生有涯，知无涯，科研道路漫长，求知者更需恒心。在 IIAU-Lab，老师们给我们提供了诸多求知求识机会，如参加高端学术会议，与大公司联席商谈技术方案，等等，如上课堂、开会议、做项目、读论文……使我一步步夯实知识、锤炼技能。很感谢卢老师对学生不拘一格的包容，也很庆幸自己融入 IIAU-Lab 这个充满活力、和谐的大家庭中，更希望未来能像榜样般的老师们、师兄师姐们一样为 IIAU-Lab 争取更多荣誉。

——团队培养的 2018 级在读博士生 刘同学

初次走入科研的大门，也曾感到过迷茫，但因为有团队的老师们谆谆的教诲、师兄师姐们热情的帮助，让我们能找到明确的方向与目标，在所研究的方向上快速进步。科研就像是在求解一个最优化问题，是一个不断迭代优化的过程；能力是在一次次投稿、比赛、项目、实习中锤炼和精进的，团队为我们提供了非常多这样的机会，让我们能够把平日里学习的专业知识运用起来，去解决真实的问题，快速提升自己的能力。在老师们的培养下，实验室走出了很多优秀的师兄师姐，他们为师弟师妹们树立了榜样，激励着一届又一届的同学不断创造新的成就，书写新的辉煌。

——团队培养的 2021 级在读博士生 严同学

（王栋、李建男）

案例 9

科教融合坚守教育报国初心，甘为人梯诠释立德树人使命

◎ 团队名称：数学学院泛函分析导学团队

◎ 导师组成员：卢玉峰、杨义新、刘浏

◎ 在读学生成员：博士生 11 人，硕士生 11 人

案例导读

卢玉峰老师带领的泛函分析导学团队是一支团结友爱、开拓进取的研究型队伍。一直以来，团队的老师立德修身、严谨治学、言传身教、潜心育人，以提高研究生培养质量为宗旨，以培育高素质高水平的人才为目标，促进研究生的全面成长。团队在几位导师的带领下，认真学习和贯彻全国教育大会、全国高校思想政治工作会议和全国研究生教育会议精神，坚持把立德树人作为中心环节，把思

想政治教育工作贯穿教育教学全过程，致力于培养创新人才、提高创新能力、服务社会发展，努力开创数学研究生教育事业发展新局面。

团队导师严谨的科研作风、积极的精神面貌和纯粹的育人精神一直熏陶着每一位研究生。几位导师在科研上不遗余力地为学生指明方向，团队成员教学相长，共同进取。团队全体师生对科研充满热情，至今已是硕果累累，累计承担国家自然科学基金项目30余项，主持国家自然基金重点项目1项，获得国家级教学成果二等奖、辽宁省教学成果一等奖和辽宁省科学技术自然科学三等奖各1项，以及辽宁省优秀博士学位论文1篇。33名博士毕业生获得国家自然基金资助，团队师生在"J.FUNCT. ANAL""ADV.MATH.""TRANS.AMER.MATH.SOC.""J.OPERATOR THEORY""MATH.ANN.""STUDIA MATHEMATICA""COMPLEX ANAL. OPER. THEORY""SYSTEMS CONTROL LETT.""NEW YORK J.MATH"等国内外重要学术刊物发表论文百余篇。

案例文本

泛函分析导学团队坚持以"四为"方针为指导，不懈探索学科领域前沿，以培养适应党和国家事业发展需要的研究生为目标，致力于培养国家亟须的高层次人才，努力为建设中国特色的数学科研和教育事业做出贡献。

一、不懈进取、追求卓越，做学生的榜样

团队的导师以身作则，用自己的实际行动为学生树立榜样。卢玉峰老师以对教育事业的真诚和对科研事业的热爱，在三尺讲台上，用真情和真心浇灌学生。在他的带领下，团队导师时刻以"敬业乐业好园丁，教书育人排头兵"自勉。

团队导师连续多年主持国家自然基金，目前卢玉峰老师主持在研重点项目一项。卢玉峰老师于2015年当选国务院学科评议组成员、国务院特殊津贴获得者，

并且荣获辽宁省教学名师、辽宁省高等学校数学与应用数学专业带头人、大连市第五批和第六批优秀专家等荣誉称号。团队中的杨义新老师获得大连理工大学和纽约州立大学奥尔巴尔分校双博士学位，刘浏老师荣获大连理工大学"星海优青"、辽宁省百千万人才工程和"大连市科技之星"称号。

卢玉峰老师常教育自己的学生"要坐得住"，叮嘱学生每天要学习十二个小时，并且自己也用实际行动践行这句话，常常工作十多个小时后依然来参加讨论班，指导学生科研工作。杨义新老师和刘浏老师作为年轻一代的科研骨干，肩上承担着教学和科研双重压力。教学上，他们崇尚爱的教育，以奉献之心、理解之心、平等之心和宽容之心对待每一位学生；在繁忙的教学后，他们钻心科研，以严谨的科研态度和突出的科研能力取得众多卓越的研究成果，利用休息时间经常参加学术会议并在大会上展示自己的科研成果。几位导师秉承立德修身、严谨治学、潜心育人的理念，注重身教重于言传，以自身刻苦钻研、勤奋自律、求实创新的科研精神熏陶每位学生。

二、潜心育人、因材施教，做学生的领路人

在科研上，团队从未停下探索的脚步，师生共同营造出良好的学习科研氛围。导师们以基础数学为基石，带领学生不断学习探索对国家建设更有意义的方向和领域，并广邀国内外著名学者来做学术报告。为增进算子理论与算子代数同行之间的交流，2017年团队在辽宁大连举办"第九届全国算子理论与算子代数会议"，团队为之筹备数月，最终大会取得了圆满成功。2019年团队组织开展数学天元基金研究生暑期培训，邀请国内外的学术大家为研究生开展精彩讲习，帮助研究生开阔视野并且促进研究生更好地学习理解专业知识。2021年团队举办春季算子理论研讨会，该会议采用线上线下相结合的形式，在疫情期间为学术同行提供交流沟通的平台。

团队导师在探索创新中为每位学生制订了学习计划和研究方向。每位学生都会完成本研究方向的课程并阅读许多数学典籍，为科研打好理论基础。在讨论班上，学生们轮流讲解书籍以及精读过的一些文章，导师们引导学生发现创新性的问题，培养学生的创新能力。每学期末，在卢玉峰老师的组织下会进行学期总结，每位研究生总结回顾本学期学习到的知识，并为下学期制订可行性计划。学期总结使研究生明确自己的整体目标，做到心中有数，在一条主线的引导下开展自己的学习和科研工作。

三、敬师爱生、团结共进，传承立德树人精神

团队的导师们始终坚持把立德树人作为中心环节，做到言传身教，以德立身、以德立学、以德施教。在生活上，导师们注重人文关怀，对每位学生遇到的困难都会提供建议和帮助，加强与学生之间的沟通，时刻关注学生的学业发展和身心健康。团队非常注重对师生意志力和抗压能力的培养。为此，团队每年春季会组织徒步活动，始于星海广场终到海之韵公园，全程四十多公里，此项活动自2006年第一次发起，除在疫情期间暂停两次，至今已经举办了14届。导师们以坚韧不拔的作风、顽强拼搏的精神和健康向上的面貌影响着每位研究生。

泛函分析导学团队是富有潜力的团队，导师们潜心育人、因材施教，将每个学生雕琢精致；这个团队是富有战斗力的团队，师生们不畏艰苦、充满激情，用智慧和团体的力量勇攀科研高峰；这个团队是桃李满天下的团队，团队师生精益求精、放眼世界，用敬业和坚持彰显优秀，用最前沿的科研理念扎根中国，以创新思维培育学生，引领数学研究生教育事业发展。

案例成效

1. 2020 年，卢玉峰老师、杨义新老师和朱森华博士后获批国家自然科学基金重点项目"双圆盘 Hardy 空间结构及其上的算子理论"。
2. 2018 年，卢玉峰老师的《基于科教协同的"华罗庚班"数学拔尖创新人才培养模式的构建与实践》获得国家级教学成果二等奖。
3. 2018 年，卢玉峰老师的《基于科教协同的"华罗庚班"数学拔尖创新人才培养模式的构建与实践》获得辽宁省教学成果一等奖。
4. 2020 年，卢玉峰老师的"数学分析"获得国家首批线下一流课程。
5. 2015 年，卢玉峰老师、刘浏老师的《算子理论与算子代数及应用》获得辽宁省科学技术自然科学三等奖。
6. 2017 年，孔同学的博士学位论文《函数空间上 Toeplitz 算子和 Hankel 算子的乘积及交换性》获评 2017 年辽宁省优秀博士学位论文，孔令辉现就职于东北师范大学，获得国家青年基金（2017）。
7. 朱同学在领域顶级期刊 Journal of Functional Analysis 上发表论文 The reducibility of compressed shifts on Beurling type quotient modules over the bidisk，获得国家青年基金（2020），现为大连理工大学博士后。
8. 李同学获得国家青年基金（2020），现为东北师范大学博士后。
9. 李然博士获得国家青年基金（2019），现就职于辽宁师范大学。
10. 2018 年，团队参与组织天元数学东北地区青年教师培训项目。

导师团队寄语

作为研究生应投身科研，厚积薄发，同时要严守学术道德，端正态度，以诚立业，无论对生活还是对科研都要怀有积极向上的态度。牢记你们身上肩负的使命，既要传播知识文化，还要弘扬学术精神、奋斗精神以及敏锐的时代精神。

案例 9　科教融合坚守教育报国初心，甘为人梯诠释立德树人使命

案例分析

师德是教师的立业之基，从教之要。习近平总书记高度重视师德师风建设，对广大教师提出了"四有好老师""四个引路人""四个相统一"等明确要求。习近平总书记强调，"传道者自己首先要明道、信道。高校教师要坚持教育者先受教育，努力成为先进思想文化的传播者、党执政的坚定支持者，更好担起学生健康成长指导者和引路人的责任。"泛函分析导学团队的师生坚持将发扬优良的师德师风放在治学从教的第一位，真真切切努力成为"四有好老师"。

团队导师坚持立德修身、严谨治学、潜心育人，关心研究生的全面成长。注重身教重于言传，以导师自身刻苦钻研、勤奋自律、求实创新的科研精神影响着团队每位学生。团队每年组织徒步活动，既磨炼学生意志，也提供师生交流的机会，加强师生之间的人文关怀。每学期组织学期总结，总结本学期所学，制订下学期计划，使学生做到心中有数。邀请海内外学者做学术报告，提供学术交流平台并为学生科研指明方向，由此培养了一批又一批勤奋好学的优秀学子。特别是全国算子理论与算子代数会议的筹办，来自中科院、复旦大学、浙江大学、吉林大学、重庆大学、华东师范大学、汕头大学、纽约州立大学奥尔巴尼分校等国内外近百所科研院所和大学的著名专家学者和学子参加，从不同学术分支方向介绍了目前在算子理论与算子代数方面的研究成果及最新发展，展示了我国算子理论与算子代数领域在近年来所取得的丰硕成果。该会议为算子理论研究的专家学者和后辈新人提供了一个非常重要的学术交流平台，推动了我国算子理论研究的人才培养和学科建设。

团队导师潜心育人、因材施教，努力将每个学生雕琢成器；注重培养学生踏实的科研精神，教导学生要能够耐得住性子，一步一个脚印踏实搞科研；培养学

生严谨的科研态度和强烈的求知欲望，教育学生不能局限于自己的研究领域，要广泛涉猎，开阔视野。团队老师在讨论班上培养学生的教学能力，为毕业后的教学工作打下基础，潜移默化地在学生心中注入奉献、理解、宽容、平等的教学理念。团队老师对每位学生遇到的困难都会提供建议和帮助，注重培养学生的意志力和抗压能力，在科研之余组织的徒步活动，既锻炼身体又能让学生多维度理解科研事业。科研道路就像徒步的过程，开始时充满激情，后半程会疲惫不堪，但只要坚持就可以看到希望和成功的果实。科研之路会遇到种种坎坷，但要顶住压力奋勇向前，等待柳暗花明又一村的出现。

泛函分析导学团队桃李满天下，至今共培养博士生39人，硕士生46人，成绩斐然。32位博士毕业生就职于国内外高校，从事科研教学工作，包括得克萨斯理工大学（Texas Tech University）、大连理工大学、中国海洋大学、东北师范大学、上海海事大学、东北财经大学、大连海事大学、辽宁师范大学、大连交通大学、河南师范大学、北京经贸物资学院等高校。

团队的导师们以其刻苦严谨的治学态度和诲人不倦的高尚师德，培养了一批又一批的优秀学子。团队的学生们勤奋刻苦、尊师重教、求实创新，努力成长为国家需要的人才，将团队刻苦钻研的科研精神发扬光大。

延伸阅读

"科研工作者是时代前进的力量，要把握时代的知识潮流，在这个过程中不仅仅是时间的向前推移，还是知识和能力的提升和积淀，同时要付出强大的毅力和极大的努力。我们要顺应时代的发展，努力为经济社会的多样性发展培养创新型人才，切实为新时代的发展贡献全部的力量和能力。"

——团队导师、教授 刘浏

案例 9　科教融合坚守教育报国初心，甘为人梯诠释立德树人使命

"师生们要时刻谨记自己肩上承担的社会责任，使自己能切实地担起国家赋予的时代使命和历史使命。'科学技术是第一生产力'，数学专业的研究生要为科技发展贡献基础性的作用，为科技发展奉献数学的基础使命。我们要坚定不移地培养具备严谨的科研态度、坚实的数学基础、活跃的科学思维、缜密的逻辑思维、创新的科学意识以及驾驭复杂科学技术的能力的研究型人才。"

——团队导师、教授 杨义新

"几位老师身上的钻研刻苦、勤奋自律、求实创新的科研精神对我们影响深远，不管是在读书时期，还是在现在的工作中，几位老师始终是我们的榜样，他们的这些精神是值得我们学习和践行一生的。在老师的引导下，我们可以根据自己的兴趣确定不同的方向。在这个大团队里，和而不同，集思广益，大家都能开阔视野，为不同的问题提出新的见解，将整个科研氛围活跃起来。"

——团队培养的毕业生、现中国海洋大学教授 石老师

"老师们强大的包容心会宽容我们可能犯下的小错误，团队的包容让不同性格的我们都感受到家的温暖。科研之路常常会遇到坎坷，老师们会指导我们正确、积极地面对挫折，引导我们寻求解决方法。科研只是人生的一部分，要对科研和生活中的一切事物充满希望和激情，小小的挫折只是为胜利时刻增添的更多的曙光，我们要有战胜它的决心和信心。"

——团队培养的毕业生、现辽宁师范大学讲师 李老师

"每年的徒步活动为我们丰富生活的同时，也为我们缓解科研压力。徒步途

中大家围坐在一起野餐，一起爬坡下坡、欣赏海景，一起洗涤心境缓解压力，一起开阔眼界磨炼意志。在开始的路程上我们内心充满兴奋和喜悦，到了后半程时会疲惫不堪难以坚持，但是在卢老师的鼓励和带领下，大家坚持走完全程，回过头看，这仿佛是科研之旅，中途会迷茫会气馁，但只要坚持下去终会结出丰硕的科研之果。徒步的时候我们畅所欲言，增进了师生之谊、同窗之谊，另外留在大连的师兄师姐每年也会参加徒步，这也为我们提供了交流的机会。"

——团队培养的 2015 级在读博士生 刘同学

"我们每学期组织开学交流会，老师给新入学的师弟师妹进行指导，指明研途方向，我们也可以为师弟师妹分享经验，提供帮助。每学期期末的学期总结是对这学期工作的反思总结，温故而知新，只有立足于现有的工作才能确定未来的方向。学期总结上老师也会为我们指明未来的方向，老师的建议总是会让我们思路焕然一新，萌生新的想法和灵感，这也是在校生交流的契机。另外，大家也注重全面发展，在学习之余增长见闻、拓展知识面，努力提高综合素质。"

——团队培养的 2018 级在读博士生 杨同学

（刘浏、崔弘扬）

案例 10

打造网格化思想引领体系，凝聚力量助力科研攻关

◎ 团队名称：物理学院射频等离子体物理团队

◎ 导师组成员：王友年、宋远红、高飞、刘永新、胡章虎、张钰如、张权治

◎ 在读学生成员：博士生21人，硕士生17人

案例导读

物理学院射频等离子体物理团队由等离子体物理专业王友年教授领衔，宋远红教授、高飞教授、刘永新教授、胡章虎副教授、张钰如副教授、张权治副教授及多名博士后为导师组，带领近四十名硕博研究生为主体构成，成立于1998年，从2007年开始一直是大连理工大学科技创新团队，也是学校等离子体物理国家重点学科和教育部三束材料改性重点实验室的重要支撑团队。团队坚持以立德树人为

根本任务，着力打造网格化的思想引领体系，引领学生及青年教师坚定跟党走、奋进新时代，为党和国家事业发展做出积极贡献。

多年来，该团队已培养研究生146名，其中已毕业博士研究生40名、硕士研究生68名；在学的硕士和博士研究生38名。团队教师育人德智并重、求真务实，鼓励学生面向科学前沿、面向国家重大需求，潜心研究，不畏艰难，为国家的科技进步和经济发展做出自己的贡献。

案例文本

团队始终以"立德树人"作为研究生培养的根本任务，全面贯彻"四为"教育方针，致力突破科学研究与思政教育同向同行的难题，通过打造网格化思政引领体系，培育学生树立建功新时代的奋斗之志，形成了一支师德师风好、师生关系好、培养模式好的研究生导学团队。

一、强化导师思政 树立远大理想与正确价值观

团队教师在秉持"德才并育"的理念下，主动将思想政治工作贯穿于研究生指导全过程，在日常的言传身教与有针对性的答疑解惑的过程中，切实提高研究生的思想水平、政治觉悟、道德品质、文化素养。

团队十年如一日，坚持大组周例会制度，例会上团队成员就学术上、生活中遇到的难题畅所欲言，点燃思辨火花，团队资深教授和青年教师均坚持全程靠前指导，对学生进行全方位培育。

团队教师在指导研究生开展科研实践活动时，指导研究生在论文选题、材料收集、文章写作等环节中始终聚焦现实问题，深入社会，广泛收集资料，并通过创新思路、观点回应和解决具体的现实问题，引导研究生"把论文写在祖国的大地上"，以此培养研究生形成实践的观点。在师生研讨中，团队教师结合理科研

究生好思辨、好质疑的特征，引导研究生对诸如科技革命的得与失、大学生使用"花呗"的利与弊等问题展开广泛讨论，引导研究生关注现实问题、形成正确认识的同时，促进其形成辩证的观点。

在导学日常交往中，导师率先垂范，在日常点滴生活中践行社会主义核心价值观，切实做到明大德、守公德、严私德，以此引导研究生形成正确的人生价值追求等。团队教师善于针对每位研究生独有的思想困惑开展个性化教育引导，做到因事而化、因时而进、因势而新，真正实现马克思主义基本原理和思想方法向学生的转化，实现研究生对马克思主义的真懂、真信、真践行。

二、注重因材施教 促进导学关系和谐融洽

团队导师对学生"一人一策"，鼓励学生多元化发展。对新进组的学生，结合学生兴趣爱好、自身基础，整合、调配全团队资源，为学生设计、建议和保障一条最适合自我发展的路径，在夯实基础理论和实践的基础上，着重培养其学术创新和理论创新能力。鼓励学生积极参与到学校、学院的社会工作中去，时常走进研究生党支部调查研究生所需、所想，通过导师带我学理论、青年成长沙龙等活动鼓励学生担当作为、奋发图强。

团队具备和谐融洽的师生互动和团队互动氛围。导师重视强调学生身心健康，空闲之余经常邀请学生到家里做客，促膝长谈，孜孜教诲。团队结合青年教师与在组学生的发展需求，为每一位在组学生配备青年教师或者高年级博士作为科研和论文攻关过程中的"领航员"，共同组队参加国内外学术交流会议。在协作层面，团队教师注重与学生的相互欣赏，他们认为，为人师表应尊重学生个性，理解学生情感，善于发现每一个学生的长处和闪光点，包容缺点和不足，让所有学生都成长为有用之才。

三、助力国家需求 培养科研能力与科学精神

团队坚持推动研究生教育适应国家事业发展需要,加快培养国家亟需的高层次人才,团队主要是面向半导体芯片制造工艺中的等离子体装备(等离子体刻蚀机、镀膜机),开展射频等离子体物理基础以及等离子体工艺腔室的仿真建模研究,先后承担了国家重大科技专项、国家重点科技计划、国家国际合作科技专项及国家自然科学基金重点项目等研究任务。近5年承担的国家级纵向科研经费超过1800万元、企业横向合作经费超过1000万元。团队的研究生是完成上述研究项目的主力军,在老师的指导下,学生深度参与项目,通过项目全过程培育专业技能,进一步提升专业能力。

该团队为了解决我国半导体芯片制造工艺中等离子体装备(刻蚀机)研发的一些关键难题,组成由多名导师和30多名硕士和博士研究生为成员的攻关小组,历经10多年,成功研发出具有自主知识产权的"等离子体源多物理场耦合软件"(MAPS)。现在该软件已为多家半导体装备制造企业提供仿真设计服务,并已向国内某大型企业进行该软件的知识产权转让,用于研发具有自主知识产权的半导体工艺装备。

由于该团队的研究方向涉及数值模拟和实验诊断两个方面,需要不同的导师进行协助和配合,共同指导研究生开展研究工作。正是基于这种协助,该团体在射频等离子体物理的前沿领域取得了一些创新性的成果。该团队在 *Physical Review Letters*、*Plasma Source Science and Technologies* 等国际期刊上发表论文86篇、申请国际和中国发明专利12项。其中研究生多为第一作者。

多年来,该团队已培养研究生毕业生百余名,多数进入国家重点高校和科研院所、国家航空航天重点单位,以及国家新兴战略企业等,力争为国家的科技进步和经济发展做出自己的贡献。

案例10 打造网格化思想引领体系，凝聚力量助力科研攻关

案例成效

1. 2021年，该团队获得大连市科技进步一等奖。

2. 2020年，赵同学，指导教师：王友年 周培源基金会蔡诗东等离子体物理奖。

3. 2019年，赵同学，指导教师：王友年 在国际上首次实验观察到甚高频等离子体中的非线性驻波效应，成果发表在国际物理学顶级期刊 Phys. Rev. Lett. 上。

4. 2019年，韩同学，指导教师：王友年 发明了一种测量工艺等离子体中气体温度的装置，并授权国家发明专利。该测温装置应用在沈阳拓荆公司。

5. 2015年，梁同学、温德奇同学、包欣同学、王艳会同学，指导教师：张钰如 高飞 王友年 研制出我国首款面向工业等离子体装备的多物理场耦合仿真软件（MAPS），并获得国家计算机软件著作权。

6. 孙同学、张权治老师、刘永新老师、王友年老师，Realistic treatment for secondary electron emission in hybrid DC/DF capacitively, coupled discharge, Plasma Sources Sci. Technol. 29 (2020) 024001

7. 王同学、宋远红老师、王友年老师，2Electron power absorption dynamics in magnetized capacitively coupled radio frequency oxygen discharges, Plasma Sources Sci. Technol. 29 (2020) 105004

8. 李同学、高飞老师、温德奇同学、杨唯同学、杜鹏程同学、王友年老师，Investigation of the power transfer efficiency in a radio-frequency driven negative hydrogen ion source, J. Appl. Phys. 125, 173303 (2019)

9. 温同学、刘巍同学、高飞老师、M A Lieberman and You-Nian Wang（导师），A hybrid model of radio frequency biasedinductively coupled plasma discharges: description of model and experimental validation in argon, Plasma Sources Sci. Technol. 25 (2016) 045009

10. 刘同学、张钰如老师、赵凯同学、德奇同学、王友年老师，Simulations of electromagnetic effects in large-area high-frequency capacitively coupled plasmas with symmetric electrodes: Different axial plasma density profiles，Phys. Plasmas 27, 023502 (2020)

导师团队寄语

希望研究生们能面向科学前沿、面向国家重大需求，潜心研究，不畏艰难，不负多年辛苦钻研，展现智慧才情毅力，传承 PSEG 团队精神，在低温等离子体领域开创一片天地，在国家重大亟需岗位发挥关键作用，为国家的科技进步和经济发展做出自己的贡献。

案例分析

导师是研究生学习和生活中接触和交往最为密切的师长。师生关系作用维度多元，情感联系紧密，活动交互频繁，导师的思想水平、道德观念、人生态度、行为习惯都将对研究生思想道德素质的形成与发展有着直接而全面的影响。2018年教育部《关于全面落实研究生导师立德树人职责的意见》明确提出，导师是研究生培养的第一责任人，进一步确证导师是破解研究生思想政治工作发展瓶颈最有力的抓手。案例中的射频等离子体物理团队中的导师将理论学习与实践应用有机结合，积极掌握教育引导的有效方法，在秉持"德才并育"的理念下，主动将思想政治工作贯穿于研究生指导全过程，其在打造导学团队思想引领体系过程中积累的丰富经验为构建新时代导学共同体提供了有益启示。

首先，团队将思政融入指导，在润物无声中树立研究生远大理想与正确价值观，以达到研究生的思想认同。发挥导师的关键作用要求"教育者先受教育"。导师是研究生培养的第一责任人，自身政治立场和思想方法将直接影响研究生的思想政治素质，这就要求导师必须深入系统地学习马克思主义理论，探明马克思主义的历史渊源、发展脉络、基本走向、独特创造、价值理念和鲜明特色，切实理解马克思主义基本原理和思想方法的精髓。同时，马克思主义是科学、实践、开放的理论，导师还需要运用马克思主义实践的观点、辩证的观点、发展的观点，指导学术研究和日常生活等各个方面，不断提升自身的马克思主义理论素养。导师主动将思想政治工作贯穿于研究生指导全过程，对研究生主动进行马克思主义基本原理与思想方法教育，在日常的言传身教与有针对性的答疑解惑的过程中，切实提高研究生的思想水平、政治觉悟、道德品质、文化素养。

其次，团队以因材施教的培养模式，力求促进导学关系和谐融洽，以达到研究生的情感认同。因材施教的培养模式在培养拔尖创新型人才的过程中至关重要，创新人才的培养，关键在于通过激发学生的兴趣，发挥学生的主观能动性，破除条条框框，从而实现不拘一格地培养人才。团队培养的毕业生、现航天五院某所工程师韩道满指出："对每一位研究生，王老师（王友年老师）都会结合其兴趣点，确立研究方向，并指定一位师兄师姐具体指导。虽然王老师和师兄师姐平时工作特别多，但每当我遇到问题，都能快速与他们进行讨论。"在实际工作中，该团队教师会根据学生自身的目标调整培养方案，比如，有的学生读了硕士之后还想继续深造，团队教师会在学术上有更多的鼓励和引导。而有的学生想硕士毕业后去工作，团队教师会尽可能给他提供一些机会，让他能够得到实际的锻炼，增加一些社会工作经历，同时又能够保证顺利毕业。基于此种前提，团队内全体研究生的基本诉求均会得到回应，实现了情感认同最大化，切实将思想政治教育由被动接受转化为主动接受和认可。

最后，团队以国家重大需求为牵引，培养研究生科研能力与科学精神，以达到研究生的价值认同。2018年5月，习近平总书记在两院院士大会上的重要讲话指出，"实践反复告诉我们，关键核心技术是要不来、买不来、讨不来的。只有把关键核心技术掌握在自己手中，才能真正掌握竞争和发展的主动权，才能从根本上保障国家安全。"发达国家研究生教育改革以提升博士生科研能力以及对国家创新能力的贡献作为核心目标。日本的"顶尖世界一流大学计划"和"21世纪COE计划",所针对的就是有博士教育的大学研究生院,在关键学科重点建设"世界性的研究教育基地"。德国2019年"卓越战略",采取"卓越集群"和"卓越大学"两条资助路线,"卓越集群"是面向大学以项目方式资助的具有国际竞争力的研究领域。这些计划或战略都是以研究生教育和研究为中心进行建设的。研究生教育在根本上决定着创新驱动发展战略的实施成效和进展,肩负着高层次人才培养和创新创造的重要使命,是国家发展、社会进步的重要基石。在日益激烈的国际竞争大环境下,把这种使命感和责任感在研究生内心压实,有利于团队教师实现思政与学理融通、教学与科研协同,充分体现立德树人的责任担当。团队以半导体芯片制造中的诸多"卡脖子"问题为导向,围绕等离子体源的诸多前沿物理问题开展科研攻关,经过多年的技术积累,团队成员开发出了国内第一款具有自主知识产权的仿真软件,建设成了先进的等离子体诊断平台。多年来,该团队已培养研究生146名,其中已毕业博士研究生40名、硕士研究生68名,指导学生硕果累累。团队培养的学生多数进入国家重点高校和科研院所、国家航空航天重点单位以及国家新兴战略企业等,力争为国家的科技进步和经济发展做出自己的贡献。

延伸阅读

科学研究同样需要"天时、地利、人和"。面向国家重大战略需求,精准把握科研方向,即为"天时";领先的科研硬件条件构成了"地利";良好的人文氛围即"人和",大工物理学院PSEG正是这样的团队。以半导体芯片制造中的诸多"卡脖子"问题为导向,围绕等离子体源的诸多前沿物理问题开展科研攻关,经过多年的技术积累，团队成员开发出了国内第一款具有自主知识产权的仿真软件，建设成了先进的等离子体诊断平台。年轻教师之间，研究生之间，大家团结协作，共克科研难题。尤其是，在团队带头人长江学者王友年教授的带领下，不仅在前沿物理问题上开展了诸多具有国际影响力的工作，也为国内半导体相关企业的发展共享提供了技术支撑。

——团队培养的毕业生、现团队成员、教授 刘永新

我常常想，在我多年的求学生涯中，最正确、最重要的决定之一应该就是能成为王老师（王友年老师）的学生。工作时间越长，这个感受越深。教书育人，言传身教，王老师在学术科研上严谨、认真的治学态度，在课堂上力求深入浅出的教学方法，对待学生耐心、细致，循循善诱的解答，这些都在诠释着一名真正的教育科研工作者是什么样子，更成为我学习和工作中努力的方向。在王老师的带领下，我们的团队也是一个友爱、团结、向上的团队，大家互相帮助、共同进步。即使毕业了，王老师和团队的师兄师姐们也还在关注我的动态，帮助我解答和解决在教学和科研上遇到的问题和困难。有幸，曾是这个团队的一员，能在这样的团队中成长，不忘初心、牢记使命，我会不断努力成为一名优秀的教育工作者。

——团队培养的毕业生、现辽宁科技大学副教授 梁老师

从我入学至今，我们科研团队始终是一个富有创造力和凝聚力的大家庭。在王老师（王友年老师）的带领下，科研团队不断发展壮大。王老师为学勤勉，治学严谨，课堂教学极富感染力，这些都深深影响着我的科研态度和工作作风。团队老师们更是以身作则，给予我们力所能及的帮助，同时为我们提供舒适的学习环境和一流的科研平台。个人的成长离不开团队和平台的培养与支持，我好比团

队这棵大树的一个小小的枝丫，不断地从大树中汲取养分，向着阳光努力生长。

——团队培养的 2016 级博士毕业生、现在校博士后 孙景毓

读本科时，在王老师（王友年老师）讲授"数学物理方法"的课堂上，我深深地感受到王老师的治学态度认真严谨，教学风格深入浅出，对待学生亲切真诚，并决定要报考王老师的研究生。回首来看，那是我做出的最正确的决定。王老师数十年如一日地奋斗在教学科研的第一线。在读研期间，王老师帮助我推导了多个物理模型，并不断地指导我解决遇到的各种难题，这使得我的科研工作可以顺利进行。王老师还给了我很大的自主空间，使我在科研上可以实现自己的想法。王老师更是像老父亲一样关心我们的生活。若是大雪大风天气，老师会提醒我们早点回宿舍，关好门窗，路上注意安全。在压力大的时候，老师会提醒我们注意锻炼身体，劳逸结合。王老师会与我们讨论职业规划，并给出一些建议。王老师不仅指导了我的科研工作，更是为我树立了一个做科研和做人的榜样，这是我一生的努力方向。

——团队培养的 2017 级在读博士生 刘同学

（王友年、张弛）

案例 11

厚德励志育化工安全人才，笃学担当助科技自立自强

◎ 团队名称：化工学院化工安全研究团队

◎ 导师组成员：毕明树、高伟、喻健良、任婧杰、叶莉莉、周一卉、孟相宇、李贝、丛海勇、李艳超、毕钰帛、武玉峰、叶昊天

◎ 在读学生成员：博士研究生 34 人，硕士研究生 62 人

案例导读

化工学院化工安全研究团队由毕明树、高伟、喻健良教授牵头，包括研究生导师 13 人，工程师 2 人，博士后 2 人，研究生 96 人，既有科研、教学骨干，又有朝气蓬勃的新力量，年龄结构合理、教育理念先进，理论教学和科学研究互通相融。团队以习近平新时代中国特色社会主义思想为指导，坚持以立德树人为根本任务，坚守为党育人、为国育才的初心和使命，爱岗敬业，勤力创新，矢志科

研育人、科技报国。

团队聚焦我国爆炸防护装备全面升级的迫切需求，深入开展爆炸事故致灾机理基础研究及爆炸防护技术开发，形成了多项新方法、新技术和新装备，成功研发智能抑爆装备、快速响应阻泄联动装备以及国内压力最高、尺寸最大、精度最高的安全泄放装备，研究成果被4项国家标准和1项行业规范采纳。相关技术应用于我国第四代核电站钠冷快中子增殖堆、火箭发动机上，创造了发动机工作马赫数、工作时间等多项世界纪录；自主研发的多元可燃蒸汽爆炸预警技术应用于爆炸预警系统模块，有效保障了航天涂料生产制备工艺"零事故"目标的实现，加强了航天企业对有机溶剂气云燃爆应急处置能力。

案例文本

化工安全研究团队全面贯彻落实新时代党的教育方针，持续探索"思教结合、德研兼备"的培养模式，构建"因材施教、分类指导"的育人环境，引导学生胸怀"国之大者"，敢于担当，善于作为，增强学生创新精神和实践能力，努力培养堪当民族复兴大任的时代新人。

一、探索"思教结合、德才兼备"的培养模式

习近平总书记对研究生教育工作提出的重要指示强调，党和国家事业发展迫切需要培养造就大批德才兼备的高层次人才。团队坚持学科发展和立德树人同频共振，面向国家重大战略需求，培养具有全球化视野、创新能力和社会责任感的一流化工安全人才。立足安全科学与工程学科，坚持把思想政治表现作为组建科研团队的基础要求，强化正确的价值取向，将爱国、敬业等优秀传统文化观念根植到学生心中，引导学生把个人成长融入国家经济社会发展。

将思想政治教育贯穿于研究生培养的全过程、全方位。比如，在学位论文选

题立项阶段，在全面梳理国际、国内最新研究进展的基础上，坚持"四个面向"；在课题实施阶段，提升研究生发现真问题、解决真问题的能力，勇于创新，不断破解"卡脖子"难题；在研究工作总结阶段，主要评价成果质量和创新价值，严抓科研诚信，拒绝学术不端。

二、构建"因材施教、分类指导"的育人环境

团队秉持"以学生为中心"的培养理念，注重学生的"个性化"发展，构建"因人而异，因材施教"的育人环境。针对不同年级的学生：对于一年级的学生，主要让他们根据自己的兴趣及特长选择课题；对于其他年级的学生，重点关注研究进度，及时发现研究过程中存在的问题及难点并进行指导。针对从事不同性质研究的学生：对于从事应用基础研究的学生，重点加强对于科学前沿问题的研究，指导他们发表高质量论文；对于从事应用技术或工程方面研究的学生，重点面向国家重大需求和经济主战场，加强对于技术创新问题的研究，指导学生研发新方法、新技术、新工艺，形成专利技术，最终实现成果转化。针对学生就业：导师一对一辅导，给予合理的建议。"做科研一定要关注国家发展形势，只有围绕国家重大需求的研究才更有价值，也更有前景""要抬起头、弯下腰、杀下心、沉住气，坚持才能出成果""不要陷入'内卷'，看问题要把坐标轴拉长"，这些都是团队导师对学生们的叮嘱和教导。

团队实施周例会制度，既关心学生的科研进展，也关心学生的日常生活，师生平等交流，形成亦师亦友的导学关系。团队提供优质的科研平台，并积极支持学生参加各种学术会议，鼓励学生与其他研究人员进行学术交流，拓宽科研视野。团队注重国际合作与交流，鼓励学生参与国际合作项目，依托"化工安全复合创新型人才联合培养项目"推荐师生赴华威大学、代尔夫特理工大学、德国联邦物理技术研究院等知名科研机构做访问学者或攻读学位。

三、弘扬科学家精神，培养堪当民族复兴大任的时代新人

团队认真落实《关于进一步弘扬科学家精神加强作风和学风建设的意见》要求，引导师生发扬胸怀祖国、服务人民的爱国精神，勇攀高峰、敢为人先的创新精神，追求真理、严谨治学的求实精神，淡泊名利、潜心研究的奉献精神，集智攻关、团结协作的协同精神，甘为人梯、奖掖后学的育人精神。

近年来，团队承担国家重点研发计划项目、国家自然科学基金重点项目、国家重大专项子课题、国家自然科学基金纵向科研项目30余项，发表研究论文300余篇，授权专利20余项；多项工业爆炸安全防护技术发明专利应用于石化装备、钠冷快堆安全防爆设计及巨浪导弹发射系统当中，为国家重大工程项目保驾护航；为了更好培养国家急需的化工安全复合型创新人才，师生共同自主设计搭建各类爆炸机理及防护技术研究实验平台20余套（台）。

国家提出"双碳"目标后，团队积极响应，结合前期研究基础认真分析凝练"氢能产业全链条过程的安全科学与技术"研究方向，并成功获批2021年度科技部最大的国家重点研发计划"氢能专项"项目，师生正日夜奋战，保障高质量完成研究目标。

业求精深，德求高尚，志求远大，心求纯净，以终身求真理，以科研报国家，是团队的真实写照。征途漫漫，未来可期，相信在团队师生的共同努力之下，一定会为科技强国做出更大的贡献。

案例成效

化工安全研究团队全体成员紧密团结，在研究生培养方面取得丰硕成果：

1. 团队研究生2人获得"大连理工大学优秀共产党员"称号，6人获得"优秀团员"

称号，4人获得"优秀团干"称号，1人获得"优秀团干标兵"称号，1人获得"优秀学生干部"称号；

2. 团队研究生16人获得国家奖学金，7人实现学业奖学金升档；

3. 团队研究生1人获得大连理工大学"学术之星"称号，1人获得市级"三好学生"称号，3人获得校"三好学生"称号；

4. 团队研究生中12人获得"优秀研究生"称号，3人获得"优秀研究生干部"称号，2人获得"优秀研究生标兵"称号；

5. 团队研究生2人获得"辽宁省优秀毕业生"称号，1人获得"大连市优秀毕业生"称号，2人获得校级优秀毕业生称号；

6. 团队博士研究生2人的学位论文获评"中国消防协会优秀博士学位论文"；

7. 团队本科拔尖计划学生7人均获校级"优秀毕业生"称号，2人获得国家奖学金，2人两次获得校级"三好学生"称号；

8. 团队博士研究生人均发表SCI论文3~4篇，硕士研究生人均发表SCI论文1~2篇，获得多项授权发明专利及软件著作权；

9. 团队研究生参加学术交流，获得第二届工业过程安全与热分析暨煤火灾害防控国际会议（LPPSTA 2021）、2019亚太安全会议（APSS 2019）、第8届火灾与爆炸国际学术研讨会（8th ISFEH）等会议的多项最佳论文奖（Best Paper Award）。

导师团队寄语

以远大理想确立人生航向，以不懈奋斗点亮华彩青春，让持之以恒成为日常习惯，让自我价值融于时代大潮。

案例分析

研究生导学团队作为研究生教育与培养的重要载体，始终坚持"立德修身，潜心治学，开拓创新""把为学、为事、为人统一起来""当好学生成长的引路人"，以立德树人为根本，以攻坚克难、科技报国为目标，面向国家重大战略需求，培养具有全球化视野、创新能力和社会责任感的一流化工安全复合型人才。

一、善为学——自主创新、科技为先

习近平总书记强调，坚持把科技自立自强作为国家发展的战略支撑，立足新发展阶段，贯彻新发展理念，构建新发展格局，推动高质量发展，面向世界科技前沿、经济主战场、国家重大需求、人民生命健康，深入实施科教兴国战略、人才强国战略、创新驱动发展战略，把握大势，抢占先机，直面问题，迎难而上，完善国家创新体系，加快建设科技强国，实现高水平科技自立自强。

团队始终以"攻坚克难，科技报国"为发展理念，以"学有所用、学以致用"为前进方向，聚焦我国化工爆炸基础理论缺乏、防护技术及装备落后现状，以及实现国产爆炸防护装备全面升级的迫切需求，深入开展爆炸事故致灾机理基础研究及爆炸防护技术开发。形成了多项新方法、新技术和新装备，成功研发智能抑爆装备、快速响应阻泄联动装备以及国内压力最高、尺寸最大、精度最高的安全泄放装备，且研究成果被特种设备安全技术规范和多项国家标准采纳。

二、勤为师——牢记使命、为国育才

团队用习近平新时代中国特色社会主义思想武装头脑，认真贯彻党的教育方针，坚持"四个相统一"，争做"四有教师"与学生的"四个引路人"，坚持言传和身教相统一，清楚认识培养什么人、怎样培养人、为谁培养人的根本性问题。

坚持推动研究生教育适应国家事业发展需要，加快培养国家急需的高层次人才，坚守为党育人、为国育才的初心和使命，在研究生培养的过程中，始终重视对科研诚信和学术规范的督导。通过规范自己的科研行为，提高自身的科研素养，切实影响研究生的学术态度，培养学生对科学不断探索的精神，要求每名学生对于科研数据、实验方法、论文写作的条理和规范、学术科学性和准确性进行严格把控，很好地培养了他们求真、求实、精益求精的科学态度，也进一步培养了他们分析、辨别和批判不正确的学术思想和政治思想的能力，避免他们陷入茫然、迷惑的状态。

团队重视培养学生的实践能力，加强产学研结合，积极与工业爆炸防护领域国际知名企业 FM 全球公司、Fike 公司以及中石化青岛安全工程研究院，应急管理部天津消防研究所等企事业单位、科研院所展开合作交流，带领学生到安全生产一线学习交流。培养学生求真、务实的优秀品质，实现教学过程与生产过程的有效对接，锻炼学生的动手实践能力。采用启发式教学，培养学生的探究精神。对学生严格要求，培养学生严谨的工作作风，磨炼其坚韧求真的意志品质，提高其综合素质，培养全面发展的安全学科人才。通过"理实一体化"教学，增强学生适应企业环境的能力，提高学生解决综合技术问题的能力。

三、乐为友——以德育德，亦师亦友

子曰："其身正，不令而行。"团队教师长期以来言传身教，以优秀的品质、高尚的情操感染其他成员，将爱国、敬业等优秀传统文化观念根植到学生心中。团队培养学生以积极向上的心态树立人生目标，引导学生以社会主义核心价值观为导向，立足安全科学与工程学科，将"个人梦"与"中国梦"有机地结合起来。

团队始终坚持弘扬优秀的导学文化，把好全员育人的载体关。通过良师引路、榜样带动、朋辈互助，多层次引领学术志向，把好科研报国的氛围关。通过开展

丰富的理论学习、体育美育、实践志愿活动引领学生坚定理想信念，提升道德修养，把好思政教育的文化关；通过强化培养各环节的规划与考核，把好研究生培养的质量关。

团队致力于建立"亲如家人、亦师亦友"的师生关系，搭建常态化交流平台。团队教师积极主动地通过线上、线下等各种形式与研究生共度科研的过程，深入学生的生活当中，去关怀热爱他们，与他们交朋友，洞悉他们的内心世界，急他们之所急，想他们之所想。在日常严肃认真的科学研究之余，团队会定期组织丰富多彩的团建活动，如以"学史明理、学史增信、学史崇德、学史力行"为指南，带领团队研究生走进雨花台烈士陵园，追忆风雨如晦的革命岁月；以"重温抗美援朝历史，学习大梨树'干'字精神"为主题，前往丹东凤城大梨树村、鸭绿江断桥、抗美援朝纪念馆深入学习"干"字精神、抗美援朝精神。通过这些活动增强团队凝聚力，共绘大工化工安全的美好未来。

延伸阅读

"科研之路无坦途，创新性或原创性成果都是多少个日夜辗转反侧的结晶。很庆幸来到大工安全团队，毕老师和高老师看待科研问题的宽度和深度令人印象深刻。团队科研条件足以支持各类试验和数值计算，在这里个人成果产出和发展很大程度取决于自己的付出，这是科研之路最大的幸事！一路走来感慨万千，愿大工安全团队更加壮大！"

——学生李同学 导师毕明树教授、高伟教授

"今天努力的回报，是因为周围的环境鼓励、推动着你，并为你所取得的成

果进行评估褒奖。一个好的团队是成功的决定性因素，我一直觉得能够加入这样的团队是很幸运的。在这里，每个人的课题均在化工安全领域具有一定创新意义。我们坚信学习的价值是掌握能够挖掘没有人发现过的知识的能力，去创造面向国家需求、实际生产安全需求的成果。"

——学生姜同学 导师毕明树教授、高伟教授

"在科研的过程中要有直面失败的勇气，静心探索的耐性，以及打破思维束缚的魄力。大工安全团队具备绝佳的科研条件和严谨的学术氛围。喻老师以学生个人兴趣为出发点，点对点指导学生，为学生提供全方位支持。思维的火花可以在这里绽放。来到大工安全团队是我求学生涯的一大幸事，祝大工安全团队蒸蒸日上！"

——学生于同学 导师喻健良教授

"研途之路，我的导师为我深栽逻辑和科学的种子，博我以文，约我以礼，树人立德。一朝破土，偶遇风霜，团队的凝聚力超越了风的威力，脚踏实地，共同奋楫笃行，以坚韧、扎实的理论根基结出累累硕果。科研漫漫，大工安全团队从生活到学习、从舒适温馨的工作环境到坚实有力的设施支持，一直守护着我们对未知世界的敬畏和对未知科学的求索。科研路上，成长途中，遇良师、得良友，受益无穷！"

——学生张同学 导师毕明树教授、任婧杰副教授

"2020年9月11日，习近平总书记在北京主持召开科学家座谈会并发表重要讲话，指出：科学家精神是科技工作者在长期科学实践中积累的宝贵精神财富。

自从进入大工安全团队，诸位老师及同学们的科研精神深深地影响了我。孟老师循循善诱，精益求精，教导我们踏实科研，稳扎稳打；团队研究特色鲜明、研究成果突出，实现了科研与学习的双赢；课题组科研氛围浓厚、科研条件良好、设施设备齐全。感谢大工安全团队提供的种种条件与便利，这将成为我科研之路上的一道东风，帮助我继续勇攀高峰！"

——学生刘同学 导师孟相宇副教授

"叶老师在专业领域学术功底扎实，参与学生的课题研究，给予学生关键性的指导，并认真听取学生反馈。尊重学生的个体差异和发展需求，因材施教，为学生创造更多的交流与合作机会，帮助学生更好地成长。作为叶老师的学生，我感到非常幸运；作为大工安全团队的成员之一，我深深感受到自身价值得到认可。"

——学生王同学 导师叶莉莉副教授

"科研是精益求精的细与恒，是朝思夕计的汗与血，是殚思竭虑的困与乏、是众虎同心的勇与敢，是授之以渔的谢与恩。在大工安全团队里，李老师对思考问题的入微和宽度让我受益匪浅，周围同学扎实肯干的作风让我备受鼓舞，科研条件的优渥让我安常履顺。在科研之路上，努力和感恩让我越走越远，愿大工安全团队蓬勃发展，一路向前。"

——学生刘同学 导师李贝副教授

"研究生阶段不仅需要自己的刻苦钻研，更需要导师和团队的支持和指导！课题组给我提供了充足的实验设备和学术资源。丛老师事无巨细地关心着我的学术进度和思想动态，总能在第一时间发现问题并指导我改正。课题组内科研氛围浓厚，老师和我们的相处轻松融洽。丛老师的科研思想、学术理念以及对生活的态度对我影响深远！科研道路是曲折的，在课题组的这段路给我的学习生活带来了充足的底气与勇气，希望课题组蒸蒸日上！"

——学生慕同学 导师丛海勇副教授

"大工安全团队具备完整的科研体系、完善的科研设备以及浓厚的学术氛围。我刚进入团队时就一改往日散漫的学习态度，努力适应这里的快节奏，不断地将自己磨砺为一名有能力、有信仰的科研者。感谢毕老师给我提供思路，在我经历一次又一次失败时鼓励我，使我有信心、有能力面对科研过程中的困难。我相信大工安全团队的科研成果会越来越多，会为国家安全事业做出更大贡献！"

——学生赵同学 导师毕钰帛

"学无止境，成长是一个不断学习的过程。来到大工安全团队，受益匪浅。研究生阶段不只是科研，更多的是学会如何面对和解决问题。在武老师的帮助下，我学到了很多化学知识，扩宽了视野和知识面，看到了武老师严谨踏实但又不墨守成规的科研态度。我很庆幸能够来到这个大团队，在这样良好的氛围下成长。愿大工安全团队越来越好！"

——学生康同学 导师武玉峰

（任婧杰、周峰）

案例 12

立足科研优势，发挥科研育人效能

- 团队名称：机械工程学院精密超精密加工技术与装备导学团队
- 导师组成员：康仁科、金洙吉、周平、董志刚、郭晓光、朱祥龙、高尚、闫英、鲍岩
- 在读学生成员：博士研究生 40 人，硕士研究生 78 人

案例导读

机械工程学院精密超精密加工技术与装备导学团队由康仁科教授、金洙吉教授、周平教授、董志刚教授、郭晓光教授、朱祥龙副教授、高尚副教授、闫英副教授、鲍岩副教授及 3 名博士后为导师组，带领 118 余名硕/博研究生为主体构成。团队深入学习习近平总书记的重要指示精神，全面贯彻落实党的教育方针，忠诚于人民的教育事业，坚持新时代中国特色社会主义教育发展道路，引导学生树立

远大理想，培育社会主义核心价值观，树立踏实奋斗、乐观向上的人生态度，积极服务于国家发展、民族复兴的迫切需求，积极投身到社会主义现代化建设中。

团队在科研中坚定贯彻"团结、紧张、严肃、活泼"的优良作风，以为国家培养科技创新型人才为己任，围绕学院"四领人才"培养目标，依托团队强大的凝聚力、战斗力、执行力、创造力，充分发挥科研育人效能。

团队不断开拓进取，面向国家重大需求，结合承担的国家自然科学基金面上项目、国防基础科研科学挑战项目、国家科技重大专项项目等国家级和省部级项目，围绕硬脆晶体基片超精密加工技术、难加工材料构件高效精密加工技术和复杂结构构件精密加工技术展开了系统深入的研究，攻克了众多科学问题和技术难题，取得了令人瞩目的成果，近年来荣获国家技术发明二等奖、教育部技术发明奖一等奖、中国机械工业科学技术奖一等奖等多个科技奖励。

案例文本

团队导师组以身作则，身正为范，以德立学，为人师表，把"德"铭记在心，外化于行，深入贯彻习近平总书记关于研究生教育的重要论述，努力将研究生培养成信仰坚定、品行高尚、敢于担当、不懈奋斗、勇于创新的社会主义建设者和可靠接班人。

第一，弘扬科学精神，坚定理想信念。团队在研究生培养体系中，坚持"导师是研究生培养的第一责任者，导师培养研究生的第一职责是立德树人"的理念。除召开组会讨论科研进展外，团队还定期组织学生分享前沿科技动态、社会热点新闻等，培养研究生的科学精神、科学态度、科学方法和科学作风，塑造学生正确的人生观、世界观和价值观。团队导师组在日常科研学习中以身作则，从细节抓起，端正学生的科学态度，引导学生在做学术的过程中，一心向学、静心学问，坚守学术道德，遵守学术规范。

第二，注重培养研究生解决实际问题的能力。精密超精密加工技术与装备团队在精密超精密加工、特种加工理论与技术、专用数控装备研制等方面具备很强的技术力量和坚实的科研基础。在研究生学习科研过程中，团队营造了良好的科研环境，鼓励研究生在基础研究、工程技术、科技应用等多方面进行探索，让学生发现问题、分析问题、解决问题，并给予充分的经费支持，让学生各自的优势都得以发挥，通过工程难题激发学生的创新思维。团队导师组定期召开学术分享会，帮助研究生构建学科知识体系，全面提升自身的综合素质，为更好地服务于国家重大需求打下良好基础。

第三，开展学术交流，拓宽研究生视野。团队导师组经常邀请国内外知名专家前来做学术报告或参加研讨会，带领团队的研究生参加国际学术会议或学术交流活动，开展校企合作，组织研究生参加国际机床展、电子展等相关活动，帮助研究生接触最新的情报信息、最新的科研成果，了解和掌握科学技术发展的最新动态，扩大专业知识面，促使研究生提升视野，使得研究生进入学科前沿，站在更高的起点上。在新冠肺炎疫情暴发前，做到了每年至少有一位国外专家和一位国内专家来校做专题讲座，每年带领研究生参加至少一次国际学术会议，每季度带领研究生与合作单位开展一次交流活动，每一名研究生在读期间至少参与一次与课题相关的展览会。新冠疫情暴发后，团队积极调整交流方式，灵活运用线上－线下结合的手段，继续保证学术交流的频次与质量。

第四，文明其精神，野蛮其体魄。团队导师组深切意识到教育的目标就是培养全面发展的人，身心两方面都应得到健康、充分的发展。团队导师组深知研究生正处于生理、心理和社会适应等方面迅速发展的阶段，自我调节能力还不完善，在学业、就业、婚恋、经济以及自我期望目标实现等带来的巨大心理压力下，心理健康尤为重要。因此，团队导师组不仅仅在研究生学术科研方面给予充分的指导，还肩负起了研究生心理健康教育的重任。导师组积极引导研究生情绪的良性发展，根据每一位研究生的气质、性格和能力等方面的特点，因材施教，充分发挥他们的潜能，并建立激励机制，帮助他们在学习、科研活动中获得成就感。团队导师组充分利用日常组会、出差或集体活动等交流机会，拉近与学生之间的距离，在科研和生活中与研究生保持了亦师亦友的良好关系。对因学业和生活压力而产生心理和情绪波动的研究生，通过电话沟通、宿舍走访及家访等形式，了解学生内心的真实想法，及时进行心理干预。与此同时，团队导师组十分注重劳逸结合，组织团建活动，增进师生情感，营造和谐的团队氛围，加强团队的凝聚力，培养研究生积极向上的乐观精神和强健的体魄。在居家学习期间，团队开展每日身体状况汇报，实时掌握学生的健康动态。有研究生生病住院时，团队导师主动前往医院探望，及时向医生了解患病与医治情况，帮助研究生处理保险报销手续，并安排其他研究生轮流陪护，给予研究生充分的人文关怀。

案例成效

1. 张同学、杨同学、赵同学等，指导教师董志刚、康仁科等，第七届中国国际"互联网+"大学生创新创业大赛，师生共创组，银奖。
2. 袁同学，指导教师郭晓光，"辽宁省向上向善好青年"（全省共13人）、"辽宁省华育大学生年度人物"（全省共20人）、榜样大工学术科研奖。
3. 秦同学，指导教师康仁科、董志刚，辽宁省优秀毕业生。
4. 袁同学，指导教师郭晓光，大连理工大学博士研究生"学术之星"、大连理工大学机械学院博士研究生"日新论坛"二等奖、大连理工大学"优秀共产党员"。
5. 潘同学，指导教师周平、闫英，大连理工大学第十二届"硕士学术之星"、大连理工大学英特尔专项奖学金。

6. 马同学，指导教师金洙吉，大连理工大学服从国家需要优秀毕业生。
7. 牛同学，指导教师金洙吉，宝钢优秀学生奖。
8. 慕同学，指导教师金洙吉，大连市三好学生、大连理工大学英特尔专项奖学金。
9. 潘同学，指导教师周平、闫英，2018年第十五届中国研究生数学建模竞赛，全国二等奖。
10. 近三年，累计获评优秀研究生30余人次，硕博国家奖学金17人次。

导师团队寄语

希望同学们能够将自身的发展与国家和社会的需求相结合，树立远大理想，端正科学态度，一心向学、静心学问，全面提升自身的综合素质，努力成为有理想信念、有奋斗精神、有科研能力、能经受社会检验的杰出人才。

案例分析

精密超精密加工技术与装备团队始终坚持"团结，紧张，严肃，活泼"的优良作风，贯彻落实习近平总书记"研究生教育在培养创新人才、提高创新能力、服务经济社会发展、推进国家治理体系和治理能力现代化方面具有重要作用"的研究生培养重要指示精神，以身作则，身正为范，把"为党育人，为国育才"作为团队研究生培养的行动指南，充分发挥科研育人效能，努力培养信仰坚定、品行高尚、敢于担当、不懈奋斗、勇于创新的国之栋梁。

一、以人为本，德育为先

"立德树人"是教育的根本任务。德是做人的根本，是一个人成长的根基。

团队导师在加强学生德育培养时高度重视个人品行修养，内修于心，外化于行，以其实际行动带动、影响学生。团队经常组织导师学习《教育部关于全面落实研究生导师立德树人职责的意见》《新时代高校教师职业行为十项准则》《研究生导师指导行为准则》等文件，不断提升导师育人能力与责任意识。通过定期组织学生分享前沿科技动态、时政热点讨论等方式，引导学生关注时事政治，培养家国情怀，塑造正确的人生观、世界观和价值观。团队还经常组织全体师生学习《著作权法》《专利法》《科技工作者科学道德规范（试行）》等国家有关法律、法规、社会公德及学术道德规范，从细节抓起，端正学生的科学态度，培养坚持科学真理、尊重科学规律、崇尚严谨求实、恪守职业道德、维护科学诚信的优良学术氛围。

二、解决实际问题，注重成果转化

团队以"服务社会发展需要，解决国家重大需求"为科研目标，依托团队优势，先后承担了国家重点研发计划、国防基础科研科学挑战专题、国家自然科学基金项目、科技重大专项、民机专项等多个项目。倡导学生以解决实际问题为导向开展科学研究，鼓励学生全方位参与到项目的申请、答辩、执行、总结等各个流程中去，锻炼学生独立思考、解决实际问题的能力；团队以开放包容的态度鼓励学生在基础研究、工程技术、科技应用等多方面深入探索，并予以充分的经费支持，培养学生敢想敢做的创新精神；导师组经常邀请国内外知名专家前来做学术报告或参加学术分享研讨会，丰富学生学科知识体系，开拓学生学术视野，帮助学生打开更宽广的科研思路；团队还定期组织师生参加各类航空航天科技展、国际学术会议等，让学生了解和掌握科学技术发展前沿动态，紧随科技潮流；团队高度重视科技成果转化，努力将成果投入实际应用当中，目前研究成果已应用于半导体基体加工、航空航天材料加工的多个前沿领域。

三、团队有温度，师生有感情

近年来，研究生心理健康问题日趋严重，导师组高度重视学生身心健康问题，建立起一系列学生关怀体系，让学生在课题组同样能感受到家的温暖。团队经常开展课题组团建活动，鼓励全员参与到团建活动当中，拉近师生间距离，以轻松愉快的环境缓解紧张的科研压力；鼓励学生每周至少参与一次体育锻炼，每学期组织学生开展一次文艺活动和体育比赛，并予以经费支持，注重劳逸结合，做到学习、生活两不误；团队导师组建立了常态化的沟通机制，每月与每名研究生至少单独交流一次，并通过电话沟通、深入宿舍、家访等形式了解每一位学生的动态，特别是心理健康与生活状况，并积极地为有困难的学生解决困难。

学生生病住院，导师主动前往看望，并安排师兄弟全天照顾守候；学生家庭经济困难，导师为学生发放科研补助，帮助学生渡过难关；学生心理危机，导师彻夜陪伴，缓解学生心理压力。正是团队导师组的用心守护，让团队有了家一般的温暖，团队师生建立起了深厚的感情。

延伸阅读

康老师非常忙，一年大概三分之一的时间都在出差，剩下的时间基本在办公室。从我跟着康老师读博士，至今已近二十年，康老师一直都是这样。他还特别"较真"，小到一个标点符号，他都要"斤斤计较"一下。他曾经帮我改一段文章的摘要，百余字反反复复修改了一个上午。康老师这种认真严谨的治学态度，让我在工作中受益匪浅。

——团队培养的毕业生、现团队成员、教授 董老师康老师是我的贵人和引路者，对我的事业影响最大。康老师带领我们年轻老师和研究生时言传身教。在科研上严肃认真，事无巨细，从一张工程图，到整体方案，甚至职业规划，都耐心指导，坚决反对华而不实、浅尝辄止的作风；在生活中，康老师像慈父一样照顾我们。时刻提醒我们，追求知识固然重要，但同时更要学会做人，告诫我们，带学生是良心事，莫不可误了学生。

——团队培养的毕业生、现团队成员、副教授 朱老师

"团结、紧张、严肃、活泼""先学做人、再学做事""服务于国家重大需求"是团队老师对我们的殷切教诲与期冀。在科研中，团队老师教导我们要实事求是，从细节做起，不放过科研中遇到的各种小问题；面对困难，要以科学思维探索解决办法，在符合科学规律的基础上，放心大胆地去做，在实践中学习，从失败中成长。老师们会尽可能给我们创造良好的科研条件，鼓励我们采用新方法、新思路，还会定期与我们交流研究进展，并且针对每个人的具体问题，讨论出具体的解决方案，激发我们的科研热情。在日常生活中，老师们于我们而言亦师亦友，他们对我们充满了人文关怀，让我们能够以饱满的热情投入科研。在团队老师的引领下，我们树立了严谨的态度，形成了科学的思维，更肩负起了科研报国的责任与使命！"

——团队培养的2017级在读博士生 孙同学

我们的团队就是一个有爱的大家庭，老师们就像是我们的父母，他们既教我们学问也教我们做人，言传身教，不仅让我们学术能力得到巨大提升，也使我们在做人做事儿的方法和态度方面明显进步。老师们很少要求我们要工作到几点，

但他们自己却总是教研室最后离开的人,他们就是我们的榜样——追求卓越,精益求精,桃李不言,下自成蹊。我为自己能成为这个团队的一员而感到自豪!

——团队培养的 2017 级在读博士生 张同学

(朱祥龙、于月滨)

案例 13

培养科研报国理想，厚植深切爱国情怀

◎ 团队名称：建设工程学部工程安全与监控导学团队

◎ 导师组成员：李宏男、李钢、霍林生、任亮、付兴、李超、唐福建及多名博士后

◎ 在读学生成员：博士研究生 36 人，硕士研究生 55 人

案例导读

建设工程学部工程安全与监控导学团队是由李宏男教授带领的一支稳定的、业务水平精湛、教学能力突出、科研素质高、充满活力和激情的优秀导学团队。团队由李宏男教授、李钢教授、霍林生教授、任亮教授、付兴副教授、李超副教授、唐福建副教授及多名博士后组成导师组，带领近百名博士、硕士研究生为主体构成。

"树立奋斗意识，厚植爱国情怀"是团队始终贯彻的育人理念；"追求科研

卓越，勇攀学术高峰"是团队永远秉承的学术精神；"凝聚团队力量，彰显使命担当"是团队无形彰显的实践指南。在近20年时间里，团队坚持定期开展红色组会交流、迎新第一课等活动，将立德树人落实到与研究生的日常交流与科研讨论中，着力培养德才兼备、科技报国的高水平研究生人才，为国内高校输送了一批优秀的青年教师和科研人员。团队研究生在校期间多人获得优秀毕业论文、国家奖学金、省级优秀毕业生等荣誉，团队发表800余篇学术论文，研究成果解决了全国70余项实际工程的技术难题。

案例文本

一、始终贯彻"树立奋斗意识，厚植爱国情怀"的育人理念

以身作则，率先垂范，引领学生树立爱国情怀。"树立奋斗意识，厚植爱国情怀"是团队始终贯彻的育人理念。团队导师始终坚持教书与育人相统一，言传和身教相结合，以德立身、以德立学、以德施教。依托团队内师生纵向党支部，团队多年来始终重视发挥教师党员率先垂范的示范引领作用：在理论学习时，导师先学一步、深学一层，以自身信仰、理论、学识和经历为学生答疑解惑，感召全体学生树立理想信念；在党支部组织生活中，导师以身作则、以上率下，规范了组织制度，严肃了组织生活；在日常生活中，将"导师带我学理论"研究生专题活动学在经常、落在日常，有效地提升了学生党员的政治理论水平，激发出党支部源源不断的组织活力。

矢志不渝坚持为党育人、为国育才理想信念。多年来，团队坚持面向国家重大战略和行业需求，深耕祖国防灾减灾领域，立志为解决国家经济社会发展中的重大需求和现实问题贡献智慧。团队导师时刻牢记为党育人、为国育才的使命，培养了一批青年科技人才，形成了一支由资深教授李宏男老师牵头，李钢教授等

中青年教师为核心、博士后和研究生为主力的政治立场坚定、学术造诣深厚、梯队层次合理的团队架构；坚持课程育人，注重教学资源建设，牵头编写了《建筑结构抗震分析与控制》"新工科"研究生教材、《地震工程学》研究生教材、《建筑结构抗震设计》本科生教材等多部专业课教材。

二、树立报国志向，攻坚克难攀登业务高峰

追求科研卓越，勇攀学术高峰。导师团队以身作则，不畏艰险，曾多次深入重灾区，为防灾减灾事业贡献智慧，激励着团队研究生在科研工作中攻坚克难，不断攀登学术高峰，发表 800 余篇学术论文，研究成果解决了全国 70 余项实际工程的技术难题。团队在李宏男老师的带领下，注重学生学习能力、实践能力和管理能力的全方位发展，取得了丰硕的阶段性成果。培养了教育部长江学者奖励计划特聘教授（伊廷华、孙丽）、国家万人计划科技创新领军人才（李钢、伊廷华）、国家基金委杰出青年科学基金获得者（伊廷华）、国家百千万人才工程（孙丽）、国家基金委"优秀青年科学基金"获得者（李钢、伊廷华、周英武、国巍）等众多科研专家及企事业领导。近五年共培养研究生 163 人，他们在各自的学习及工作岗位上均取得了优异成绩。

红色组会，厚植爱国情怀。团队积极发挥导师立德树人职能，将思政元素融入教育、教学中，将"党建＋科研"常态化开展，在 20 多年时间里，坚持每周开展组会交流、迎新第一课等活动，在日常交流与科研讨论中鼓励学生树立使命担当，厚植爱国情怀。多位党员具有国外学习交流背景，回国后用一身本领报效祖国。团队瞄准国家重大需求，围绕中央提出的建设社会主义新农村的重大历史任务，连续承担了国家"十一五""十二五""十三五"村镇防灾领域的计划项目，用科学技术为国家富强、乡村振兴赋能添翼，攻克了系列科研难题。

强化科研指导，夯实科研本领。为了提高大家的科研效率，在思想碰撞中擦

出火花，团队 20 多年始终坚持交流学习制度，让同学们能够迅速了解到不同领域的研究方向与进展，开阔眼界的同时还能找到新的研究思路。为了团队的学生能够紧跟学术界的发展，老师们会不定期地邀请学术界的领军人物为学生开展讲座，丰富学生的知识厚度，开拓科研视野。多年来，团队为国内高校输送了一批优秀的青年教师和科研人员，同时团队研究生在校期间多人获得优秀毕业论文、国家奖学金、省级优秀毕业生等荣誉。

三、理论与实践相结合，内化于心、外化于行

积极开展形式多样的理论学习活动，坚持理论与实践相结合。例如为深入学习贯彻习近平总书记在党史学习教育动员大会上的重要讲话精神，扎实开展党史学习教育，重温学校发展历程，2021 年 3 月 9 日，在教育部和学校召开党史学习教育动员大会的当天下午，团队教师第一时间召开会议，组织支部成员参观校史馆，在党史和校史中汲取前进的智慧与动力，参观结束后，要求每个人用 PPT 形式汇报自己所学、所想、所感。导学团队将立德树人落实到日常交流和科研讨论中。

铸造同心战疫先锋队，凝聚科研团队攻坚力量。疫情期间，导师李钢带头讲授抗疫微党课和"疫情搞科研、党员走在前"等线上讲座，鼓励团队内每一位学生居家科研期间坚持与疫情为战、与时间赛跑，同时通过电话、网络等多种形式关心其他同学，慰问身处疫情重灾区的学生，第一时间形成辐射网，稳定学生情绪，保障了科研工作的顺利进行。疫情期间，团队克服了疫情带来的重重困难，顺利完成了 973 和国家重点研发课题验收工作，另外，李钢教授和李宏男教授成功获批国家自然科学基金重大仪器专项和重点基金项目。

案例成效

1. 付同学，毕业论文获评大连理工大学优秀博士学位论文，入选大连市高层次人才创新支持计划，现为大连理工大学副教授、硕士生导师。
2. 高同学，入选"博士后创新人才支持计划"，现为同济大学博士后。
3. 杨同学，入选"博士后创新人才支持计划"，现为大连理工大学博士后。
4. 陈同学，在校期间曾获得校硕士生学术之星奖、研究生国家奖学金，发表SCI论文10余篇，授权专利2项，现为南京林业大学土木工程学院副教授。
5. 杜同学，在校期间曾获得研究生国家奖学金、硕士生学术之星提名奖、辽宁省优秀毕业生，发表SCI论文3篇，授权专利11项。
6. 宋同学，现为新疆维吾尔自治区哈密市委组织部办公室副主任/三级主任科员。
7. 王同学，现为吉林中建基础设施建设发展有限公司副总经理/中建股份长春地铁项目指挥部助理指挥长。
8. 黄同学，现为金科地产重庆区域公司项目副总/2020届骐骥/公司高潜力储备人才。

导师团队寄语

愿每一位同学，无论身处何种境遇，都能牢牢记住：沉着冷静就是胜利，稳重坚守就是成功。愿你们每一个人，自信、从容、勇敢、担当，对生活充满希望，对未来抱有理想，用拼搏和汗水浇灌今天，以果敢和才华迎接明天。

案例分析

习近平总书记在对研究生教育工作做出重要指示时强调，要高度重视研究生教育，推动研究生教育适应党和国家事业发展需要，要坚持"四为"方针。研生教育肩负着高层次人才培养和创新创造的重要使命，是国家发展、社会进步的重要基石。建设工程学部工程安全与监控导学团队始终坚持引导学生厚植爱国主义情怀，立大志、明大德、成大才、担大任，为投身时代伟业修学储能、增强本领，在做好每件事情、完成好每项任务、履行好每项职责中展现爱国奋斗精神，为团队肩负立德树人根本任务、完成为党育人、为国育才光荣使命，培养国家急需的高层次人才提供了诸多有益启示。

首先，构建思想引领常态化机制，有效拓宽了立德树人工作的"覆盖面"。"培养什么人、怎样培养人、为谁培养人"是我国高等教育事业发展必须回答的根本问题，如何构建符合新时代研究生特点的"导学思政"体系，如何在导学团队中更好地落实立德树人根本任务，发挥导学团队的智慧和力量，是当前研究生培养的突破口，这就需要探索将思想引领和价值观塑造有机融入研究生学习、科研生活，突出基层党建在国家行业需求、专业精神传承、学科多元发展、服务社会等方面的重要渠道。案例中团队通过整合自身丰富的校内外科研资源，以"红色组会"等方式，在途径和载体上进一步深化了研究生教育体系协同融合，有的放矢地开展特色科研育人活动，搭建和打造了研究生创新精神和学术能力提升平台，同时通过精心设计和组织既有时代气息又有较高学术科研背景的日常活动，提升了研究生的科研动力、眼界和信心，引导研究生脚踏实地潜心做科研，心怀高远，增强知识本领，从而更好地让广大研究生为服务国家、行业需求矢志奋斗。

其次，团队依托党支部将思想引领与科研有机融合，有效强化了团队立德树人工作效果。科研提升与思想引领"两张皮"的难题是桎梏人才培养的重要原因。破解研究生专业培养和思想引领"两张皮"的难题，必须积极探索创新育人模式，可以通过有效发挥研究生党支部战斗堡垒作用和研究生党员先锋模范作用来实现，遵循"以党建引领学术、以学术丰富党建"的思路，在研究生培养的实践环节中促进学术科研优势与党建特色的融合。案例中创新团队内研究生党支部建设，通过导学团队为党支部战斗堡垒作用的形成和发挥提供保障，同时以党支部为支点，推动学生思想进步、夯实理想信念、厚植爱国主义情怀，将导学思政与研究生党支部建设融合，成为当前研究生人才培养的有益探索。

最后，积极发挥导师的先锋模范作用，完善立德树人机制。导学团队育人的关键在导师，认准这个关键，不仅要导师不断发挥榜样示范作用，更要在机制上保障导师立德树人作用的发挥。案例中导师团队以身作则，不畏艰险，曾多次深入重灾区，为防灾减灾事业贡献智慧，激励着团队研究生在科研工作中攻坚克难，不断攀登学术高峰；另一方面，导师团队依托课程思政、志愿服务（疫情防控）等资源，在日常科研中开展爱国主义教育、学术道德与科学精神教育、世界观与人生观教育、心理健康教育、职业规划教育，充分发挥了导师育人使命。在这样的思想引领下，团队师生近年来获得国家技术发明二等奖1项、国家科技进步二等奖2项和省部级科技进步一等奖6项，发表学术论文800余篇，主编和参编标准规范16部；研究成果应用于全国十大剧院之一"大连国际会议中心"、世界第一高塔"舟山跨海超高压输电塔"、汶川地震恢复重建工程等70余项实际工程，把论文"写"在了祖国的大地上。

延伸阅读

博士毕业后，我怀着对母校大工的热爱与感激之情留校任教，从博士研究生转变成大学教师意味着身上的责任变得重大；攻读研究生期间，李老师培养了我科学的思维方法、严谨的科研思路，以及较强的独立工作的能力，同时李老师严谨务实的治学态度和精益求精的学术精神，这深深地感染着我，让我在科研上不敢有一丝懈怠，也促进了我的进步。这使我在留校任教后能够胜任教学工作与科研工作。

——团队培养的毕业生、现大连理工大学副教授 付老师

我是一名在大工结构监控所学习的硕士研究生，经过一阶段的研究生课程学习和课题组老师指导后，感到自身的实际操作能力和解决问题的能力得到显著提高，同时对本专业的知识有了更加深刻的理解，对研究的课题有了由浅入深的认识。感谢霍老师总是教导我们要迎难而上，勇于创新，建立正确的科研思维，并且引导我们在学习中要敢于提出新问题。

——团队培养的2020级在读硕士研究生 张同学

工作后也经常会想起在课题组的温馨生活。李老师带领课题组的老师和同学们每周开展一次团队组会，同学汇报科研进展，大家共同讨论，并由老师给出指导意见，这对我们研究课题有很大帮助，还给研究内容相似的同学提供了一个交流学习的机会。通过组会交流，同学们能够迅速了解到不同领域的研究方向与进展，开阔眼界的同时还能找到新的研究思路。同时课题组的老师总会根据学生不同的特长、爱好和性格给大家分配课题，让每一位学生都能在自己感兴趣的科研领域探索前进。课题组的老师们为人和善、平易近人，经常会和我们一起聊天，老师们幽默豁达的性格也总能使大家放松。

——团队培养的毕业生、现同济大学博士后 高同学

在房地产工作的日常中，总会遇到大大小小的困难，总会让我感到身心俱疲，在这些时候我就会回想起上学时课题组大家庭那种温馨活跃开心的生活：大家经

常聚在一起讨论学术问题，互相请教学习，在思想碰撞中擦出火花；在专业素养和科研方法上，老师指导大家如何发现问题、思考问题、解决问题；在综合素质培养上，老师教导团队成员做人既要知足常乐，还要志存高远，做事既要脚踏实地，更要仰望星空。

——团队培养的毕业生、现金科地产重庆区域公司项目副总 黄同学

（付兴、张泽远）

案例 14

秉承科技报国初心，全方位培养卓越创新人才

◎ 团队名称：微电子学院宽禁带半导体器件集成与系统导学团队

◎ 导师组成员：梁红伟、张振中、夏晓川、张贺秋、张赫之、张克雄

◎ 在读学生成员：博士生9人，硕士生28人

案例导读

大连理工大学微电子学院宽禁带半导体器件集成与系统导学团队始终秉持着科技报国理想、牢记立德树人根本要求、以"四有好老师"和"四个引路人"为标准，深入贯彻习近平新时代中国特色社会主义思想，注重提升导师和学生的思想认识水平，在以宽禁带半导体材料、器件和系统为特色方向的电子科学与技术领域，努力培养具有理论基础扎实、工作态度认真、创新思维活跃、科研产出优异的中

国特色社会主义合格建设者和接班人。关心研究生的身心健康，通过小组会专题讨论、大组会汇报式讨论、研究生文体活动、党组织活动等多种方式激发并支持研究生们开拓创新，营造积极向上的科研团队氛围。导师团队以身作则，严格遵守师德师风和学术规范，细致观察学生们的身心和学业动态，谨慎处理导学关系。推动树立优秀研究生典范，重点培养优秀研究生传帮带精神。团队近年来取得了多项国家级和校级育人成果，荣获研究生国家奖学金1人次、辽宁省优秀毕业生1人次、大连理工大学优秀硕士学位论文2人次、校级优秀研究生称号2人次、校级优秀共产党员1人次、科技类竞赛获奖1人次等成果。

案例文本

大连理工大学微电子学院宽禁带半导体器件集成与系统导学团队组建于2003年，由梁红伟教授领衔，现有导师6名。团队始终坚持服务"四个面向"，秉承"立德树人"根本使命，着力解决电子科学与技术领域"卡脖子"的核心技术难题，在第三代半导体材料与器件领域开展深入研究，努力为实现国家高水平科技自立自强贡献力量，培养了一批微电子行业和国家亟须的复合型人才。

团队始终秉持科技报国理想、以理想信念引领人。导师团队以四有好老师和四个引路人为标准，深入贯彻习近平新时代中国特色社会主义思想，注重提升导师和学生的思想认识水平，在以宽禁带半导体材料、器件和系统为特色方向的电子科学与技术领域，努力培养具有理论基础扎实、工作态度认真、创新思维活跃、科研产出优异的中国特色社会主义合格建设者和接班人。导师团队关心研究生的身心健康，通过小组会专题讨论、大组会汇报式讨论、研究生文体活动、党组织活动等多种方式激发并支持研究生们开拓创新，营造积极向上的科院团队氛围。导师团队以身作则，严格遵守师德师风和学术规范，细致观察学生们的身心健康情况和学业动态，谨慎处理导学关系。推动树立优秀研究生典范，重点培养优秀研究生传帮带精神，鼓励高年级优秀研究生将生活、学习和科研中的好做法和好经验传授与推广下去，通过师生配合共同做好课题组的建设工作。

团队注重学术能力的培养，深化科研育人路径。"学者功夫，宁下而勿高，宁沉而勿浮"，形成严谨求实的科研精神和不断积累的学习方法，为科研打好坚实的基础，这是梁红伟老师对学生的叮嘱。为培养学术能力扎实的研究生，导师团队全程靠前指挥，全方位参与学生培养，针对学生不同发展需求制定研究方向，针对项目组建科研突击小组，坚持大组周例会制度，建立传帮带的链条机制，开展师生共同学习、问题讨论、科研攻关，营造了教学相长、团结和谐、攻坚克难、勇于创新的团队氛围。团队以科研项目为牵引，通过承担国家、省市和企事业科研项目，使得研究生在服务国家和社会需求的过程中，增强使命感，在攻坚克难的过程中，增强科研本领，在国内和国际交流过程中，增强"四个自信"。研究生们深度参与项目研究，开展实验设计和实施，通过项目全过程培育专业技能，丰富个人知识体系。经过导师与研究生的共同努力，导学团队在宽禁带半导体研究领域形成了两大优势特色：一是氮化物长波长发光器件研制；二是宽禁带半导体辐射探测器研究。团队顺利完成国家 863 科技项目、"十三五"国家重点研发计划项目及国家自然科学基金面上项目,形成了具有国内外影响的、行业领先的研究成果并实现了成果转化,同时为满足我国国防及民用的重大亟须需求提供了有效的技术手段。团队以校企合作为纽带,增强研究生的实干兴邦意识,努力实现科技成果转化:团队与江苏新广科技有限公司在电力电子和生物传感方面进行紧密而深入的校企联合产品开发,联合中科院高能所核探测与核电子学国家重点实验室,开发基于第三代半导体 SiC 材料的核辐射探测系统,以此拓展研究生的科研交流平台和实验机会,以实质性的科研训练,进一步增强研究生科研与实践能力。

团队注重党建与学术同频共振,形成育人合力。导学团队的大多数成员为中国共产党党员,这在以党建促进导师与学生全面发展、促进科研事业全面提升方面具备优势。导学团队中夏晓川和张贺秋同志为微电子学院第一和第二研究生导师纵向党支部的书记,分别获批建立校级双带头人党支部书记工作室。在党建过程中,积极组织研究生开展党和国家方针政策的学习,引导学生探讨国家相关科技计划与团队科研方向的关系,锻炼学生面向本领域产学需求撰写科技报告,将党建育人落到实处,凸显研究生导师纵向党支部的科研突击队作用。导学团队以实施"高校师生纵向党支部学生副书记的选拔与培养机制的研究与探索"项目为抓手,将科研方面成绩优秀的研究生进一步培养成政治合格、党务能力突出的双优研究生,该项目获得学校 2020 年度基层党支部创新方案"优秀项目"。同时以实施半导体测试分析和半导体理论研究生课程思政建设为契机,导学团队面向专业知识点,系统梳理、深入发掘、精心凝练、恰如其分地融入思政元素,在提高研究生业务能力的同时,进一步使其明确为建设中国特色社会主义、为实现中华民族的伟大复兴、为实现人民对美好生活向往而学习和科研。

经过多年实践，团队近年来取得了多项国家级和校级育人成果，培养的研究生中 1 名博士研究生获得国家奖学金、辽宁省优秀毕业生称号，2 名硕士研究生的论文被评为大连理工大学优秀硕士学位论文，1 名硕士研究生获得大连理工大学 2019—2021 年度优秀共产党员称号，1 名硕士研究生获得第二届全国大学生集成电路创新创业大赛华北分赛区决赛三等奖，多人获得大连理工大学优秀研究生称号。团队培养的一批优秀研究生先后进入中国科学院、中国电科等科研院所或著名高校，入职华为、中芯国际等知名企业，继续为国家微电子行业贡献力量。梁红伟老师荣获 2015 年校教学质量优良奖，并在 2021 年由中国半导体行业协会集成电路分委会聘为人才储备基地专家委员会特聘专家。夏晓川和张贺秋老师分别获得微电子学院 2019—2021 年度优秀党务工作者和优秀共产党员荣誉称号。

案例成效

1. 任同学的论文获评 2013 年大连理工大学优秀硕士学位论文。
2. 梁红伟老师荣获 2015 年校教学质量优良奖。
3. 刘同学荣获 2017 年博士研究生国家奖学金。
4. 刘同学荣获 2018 年辽宁省优秀毕业生称号。
5. 龙同学获得大连理工大学 2018—2019 学年优秀研究生称号。
6. 皮同学获得大连理工大学 2019—2020 学年优秀研究生、大连理工大学 2019—2021 年度优秀共产党员称号。
7. 杨同学的论文获评 2020 年大连理工大学优秀硕士学位论文。
8. 夏晓川老师负责的"高校师生纵向党支部学生副书记的选拔与培养机制的研究与探索"获得学校 2020 年度基层党支部创新方案"优秀项目"。
9. 谭同学获第二届全国大学生集成电路创新创业大赛华北分赛区决赛三等奖。
10. 梁红伟老师在 2021 年被中国半导体行业协会集成电路分委会聘为人才储备基地专家委员会特聘专家。

导师团队寄语

电子科学与技术已成为大国博弈的焦点,宽禁带半导体的研发与应用和国际同步,竞争激烈,我们共同肩负着光荣与艰巨的历史使命,愿不忘科技报国初心,牢记建设中国特色社会主义强国使命,用知识和产品为实现人民美好生活添砖加瓦。

案例分析

党的十九大以来,依托国家首批筹建的示范性微电子学院,宽禁带半导体器件集成与系统导学团队坚持立德树人根本任务,努力贯彻落实"三全育人""五育并举"教育理念,深入推动产教融合于行业的痛点与未来,在打造新工科科研突击队、促进党建与科研"双核"协进、培养新时代交叉创新型人才队伍方面开展积极探索,形成了一定的可借鉴的导学团队建设经验,努力为国家培养德、智、体、美、劳全面发展,具有家国情怀、全球视野、创新精神和实践能力的卓越微电人才。

以国家重大需求和行业精神为引领,提升价值认同,打造新工科科研突击队。

培养什么人、怎样培养人、为谁培养人是教育要回答的根本问题。坚持"四个面向",是广大科技工作者肩负的时代重任。在研究生教育中,导师之于研究生的关系绝不仅仅是知识传授的关系,更肩负以德立身、以德立学、以德施教、全过程育人、全方位育人,做研究生成长成才的指导者和引路人的重要使命。在当下以集成电路为代表的半导体技术已成为大国长期博弈焦点的历史背景下,我国研究生教育与国家命运紧密连接,共同的使命和目标信念使导师与研究生形成共同的精神价值内涵,成为培养德才兼备的研究生的推动力和黏合剂。导师在思想引领和价值观塑造中发挥重要作用,通过在朝夕相处、言传身教中将自己的学术价值观、文化价值观、事业价值观潜移默化、润物无声地传递给研究生，有机融入研究生学习、科研生活，突出科研攻关在国家行业需求、专业精神传承、学科多元发展、产学研服务社会等方面的重要作用。"强化基础研究，提升原始创新能力，只有这样才能知其所以然，才能使科技创新行稳致远"，这是团队梁红伟老师一直向研究生们强调的。虽然身处在科研应用前沿热点，但不能迷失方向，基础性研究的独立自主才是突破"卡脖子"关键技术的重中之重。团队导师们通过自身实际行动，引导研究生脚踏实地潜心于科研学术，心怀高远，增强知识本领，从而更好地让广大研究生凝聚在党旗下，为服务国家、行业需求矢志奋斗。

多年来，梁红伟教授和一批热爱教育事业、潜心学术研究的志同道合的学者共同组建了一个高水平科研团队。团队在宽禁带半导体材料、器件与集成系统等方面业已取得突出成果，始终秉持服务国家重大需求的科研理念，充分发挥科研育人功效，制备的碳化硅耐辐照探测系统已经应用于国际四大散裂中子源之一的中国散裂中子源白光束线，并建立了宽禁带半导体探测系统实验区，支持了多家单位的关键数据实验，为满足国家重大需求提供了有效的关键技术支撑。

以党支部建设在科研团队上为手段，强化组织育人，促进党建与科研"双核"协进。

在实践中，如何避免党建活动与业务工作脱节的现象，化解师生互动不足、教师党员引领不够的问题？宽禁带半导体器件集成与系统导学团队的建设探索不失为一个可借鉴的案例。团队按照"支部建在连上"的原则，将师生纵向党支部建在课题组和科研团队中，选拔科研教学能力强、思想道德素质高的优秀青年骨干教师担任支部书记，选拔志存高远、品学兼优的学生担任党支部副书记，形成师生共建、教研相长的党建新模式，为发挥专业优势、打造党支部和党员的先锋示范作用提供了参考。这种纵向为主、纵横结合的研究生党支部建设方式，对党组织原有的组织形式、活动方式、管理模式、制度建设等进行调整和创新，能够充分发挥导师党员理论根基深，见识面广，组织观念强等优势，强化了导师的立德树人作用，更好地起到思想引领作用。同时，相似专业或相近学科方向的共通性又便于教师党员之间、学生党员之间的学习交流，推动师生之间教学相长、学生思想素养和专业素养双向提升，有利于提升组织育人的功效，形成党建工作与专业发展相互促进、协同进步。

2020年11月，团队所在学院进行了党支部结构调整，基于该导学团队内党员构成，成立两个研究生导师纵向党支部，选任两名青年专任教师担任党支部书记，坚持带领团队开展每月政治理论学习制度，搭建党支部副书记、党员博士定期讲党课、纵向党支部工作沙龙等常态化交流平台。夏晓川老师成为学校党史学习教育"导师宣讲团"成员，以改革开放中的半导体事业为选题，以学院研究生导师纵向党支部为科研堡垒，通过导师领学、研究生自学、主题党日微党课与讨论等多种方式将党史学习与师生科研事业强结合，将我国半导体事业发展史融入党史学习中，增强同学们振兴产业使命。两个纵向党支部入选学校"双带头人"教师党支部书记工作室，以此平台推动导师党员横向交流促进，凝聚育人合力，围绕立德树人根本任务，做实做深课程思政建设，打造课程思政品牌，提升教师育德意识和育德能力。

以大组制学科交叉团队建设为关键，发挥优势互补，培养新时代创新型人才队伍。

2019年，中共中央办公厅、国务院办公厅印发了《加快推进教育现代化实施方案（2018—2022年）》，强调"打破学科壁垒，组织师资力量，优化培养方案，探索跨学科培养模式和评价模式，建立复合型人才培养新机制。2021年1月，教育部公布了《国务院学位委员会教育部关于设置"交叉学科"门类、"集成电路科学与工程"和"国家安全学"一级学科的通知》，自此交叉学科正式成为我国第14个学科门类。集成电路学科是一个多学科高度交融的交叉性学科，主要培养知识体系宽厚、技能操作扎实、多学科知识拓展兼具创新能力的专业人才。在新工科建设背景下，如何为国家培养有多学科背景的集成电路高层次创新人才，推动创新型研究生人才培养体系的构建迫在眉睫。通过实施研究生层面的交叉学科教育，能够使研究生不再局限于单一方向知识结构，增强跨学科的知识储备，强化学生多学科知识积累，促进创新思维与创新能力的提升。

宽禁带半导体器件集成与系统导学团队在基于学科交叉导师团队制的研究生培养模式方面开展积极探索和实践，实行"大组制"，由一位主导师和多位不同研究方向的副导师组成导师团队，同时建立校际导师合作模式，多措并举培养创新型复合人才。"大组制"围绕重点方向组建结构合理的研究团队，特别是支持跨学科、多领域、交互式的学科团队建设，依托团队开展大项目研究。团队里每位导师的学科背景、知识结构和擅长领域各不相同，采用"多对一、一对多"的模式，对学生进行共同指导，可以让学生学习交叉学科的理论知识，增强学科之间的交流和思维碰撞，从而取得重大的创新突破。在校际导师合作方面，充分利用国内高校和科研院所优秀的人才资源，与郑州大学、中科院高能物理研究所、中国散裂中子源等校所定期开展共同线上组会、开展校际互访交流项目、共享实验平台资源，使研究生具备不同高校导师指导的学术经历，降低学术"近亲繁殖"的影响，扩大研究生学术视野与国际竞争力。创新的科研团队组织模式，打造了开放包容、团结协作、追求卓越的团队文化，使得团队成为资深导师与年轻导师以及研究生共同成长的平台。

延伸阅读

行路有良伴就是捷径，回想起来，课题组团队"团结、紧张、严肃、活泼"的良好氛围和师生关系，正是促使我决心走向科研道路的重要奠基石。而导师梁红伟和杜国同老师，则是开启我科研学术生涯的重要引路人，他们严谨负责的科研作风和细致认真的生活态度，时至今日，都在潜移默化地影响着我。在有导师陪伴的五年时光里我倍加感恩，在与课题组各位老师的相处中我感受到了满腔的科研激情，这些都将成为我今后人生道路中源源不断的重要精神财富，指引我无惧前路困难挫折，开创未来。

——团队培养的 2014 级博士毕业生、中科院苏州纳米所副研究员 刘老师

2010 年，怀着激动、忐忑与茫然的心情，我迈入了自己的研究生学途。平心而论，算不上聪慧的我，对学术研究是既心生向往，又不知所措的。在这人生至关重要的关卡处，我的导师张贺秋老师以其知性和蔼的性格以及渊博深厚的学识引导我慢慢走上了学术研究的道路上，给予了本人充足的底气与敢于探索的勇气。作为我科研路途上的领路人，张老师时常立足微电子行业未来发展需要，聚焦行业相关技术发展方向，与我进行交流与沟通，不仅为我解决学术上的困惑，更为我将来工作中可能遇到的困惑进行教导。至今工作多年，当初那循循善诱的教导、和谐风趣的交谈，依然是我工作生活中时常回忆起的美好。

——团队培养的 2010 级硕士毕业生 任同学

做科研是一件自始至终都要提醒自己脚踏实地的事情。这是梁红伟老师对我最初的教导，也是我对科研这条路的第一印象。我们所从事的是半导体探测器方面的研究，这是一个当前较火热的研究方向，但同时也是一个科研难度较高的领

域。无论是从基础理论的入门，还是自主设计探测器方案，再到制作器件的工艺流程，一个研究闭环需要太多的前置知识与实验条件支持。在这样复杂的科研环境中，梁老师作为掌舵人始终为每一位学生指引着方向，同时也提供给我们挥舞拳脚的平台。当你感到自己已经跌落谷底时，再跌落一点就到了触底反弹的时候了。这是梁老师对于博士学业过程的描述，同时也概括了许多毕业生的心路历程。这样的话让科研迷茫时的心有了边界，同时也提醒着我们有一个坚实的后盾会为你守住最后一道关卡。这看似微弱的光其实让身处学海的我们有了方向，有了希望，也正是这样的信念支撑着我们勇敢地走向光明的未来。

——团队培养的 2020 级在读博士生 龙同学

还记得刚读研究生的时候，夏晓川老师曾在课上对我们说过这样的话："做科研要保持谦虚严谨的态度，要有一丝丝的好奇心。"这是夏老师对我研究生生涯的第一次教导，当时我对这句话印象很深，觉得老师讲得很有意思，随着时间的推移，更加觉得这一丝好奇心的重要性。当组会上听高年级师兄师姐汇报时，自己处于一种完全听不懂的状态，而正是这份好奇心迫使自己去探索、学习新的知识，去主动调研文献，制订自己的研究方案。同时每当实验上遇到瓶颈时，夏老师不仅会指导我下一步前进的方向，更注重培养学生如何看待问题、思考问题、解决问题的能力，授人以鱼不如授人以渔，每当和夏老师在草稿纸上探讨实验框架、研究脉络时，我都会有一种豁然开朗的感觉，对接下来的科研有了方向，有了信心。虽然研究生的生活即将结束，但是自己收获很多，老师的谆谆教导、言传身教一直铭记于心，这将是我以后人生路上宝贵的精神财富。

——团队培养的 2019 级在读硕士生 皮同学

在我们的大团队里，大家都友好相处，学术氛围也特别融洽，老师和同学们之间经常通过组会、视频会议、学术交流会等方式分享自己的研究心得和研究进展。我的导师张贺秋老师也经常与我们交流：在学习研究方面，在我遇到困难时老师会鼓励我不放弃，还会主动提出和我一起学习我不熟悉的知识，和我一同解决困难，激发我的学习热情、创新热情；在生活中，张老师也鼓励大家多运动，还会组织一些文娱活动让大家参与进来。在这个团队里，良好的团队氛围让我更容易忘记压力，更好地投入学习和研究生活中。

——团队培养的 2020 级在读硕士生 叶同学

（夏晓川、李晖丹）

案例 15

强基础，重德育，培养三有型人才

◎ 团队名称：海洋科学与技术学院环境生态工程导学团队

◎ 导师团成员：柳丽芬、占敬敬、周豪、张旭旺、易先亮、刘阳、单佳佳、任雪峰、李杨

◎ 在读学生成员：博士研究生7人，硕士研究生46人

案例导读

海洋科学与技术学院环境生态工程导学团队，是由柳丽芬教授、占敬敬教授、周豪副教授、张旭旺副教授、易先亮副教授、刘阳副教授、单佳佳副教授、任雪峰讲师、李杨讲师作为导师组，带领超过50名博士/硕士研究生组成的研究生导学团队。团队以习近平总书记在全国高校思想政治工作会议精神为指引，努力造就一支有理想信念、道德情操、扎实学识、仁爱之心的研究生导师团队，切实履

行立德树人的根本任务，为我国培养环保方向"有技术，有想法，有情怀"的"三有型"高水平研究型人才贡献力量。

大连理工大学是全国最早开设环境生态工程相关专业的985院校，如何培养环境生态工程专业的高水平研究型人才属于"摸石头过河"的阶段，迫切需要对培养经验进行梳理和总结。团队成立8年来，导师团队教师从夯实研究生基础科研能力、培养研究生前沿视角、规范研究生学术道德等角度入手，采取小组讨论和联合指导的方式对研究生进行细致指导，力图培养德才兼备的高水平研究人才。几年来团队培养了一批具有较高科研水平的研究生，多项工作发表在相关领域的权威学术期刊上，并协助企业解决了众多环境污染处理技术难题。

案例文本

一、强化基础，注重前沿，培养学生过硬技术和学术敏感度

强化基础培养，培养学生过硬技术。面对新入学研究生基础参差不齐的情况，团队导师了解每位研究生的具体情况，根据每位研究生的基础和即将从事的研究方向，因材施教，制订适合每位研究生成长的培养方案。首先，在研究生课程选择、授课环节，注意强化基础理论知识，让学生在课程理论学习过程中提升专业基础，并逐步进入由专业理论到专业学术文献的学习环节。其次，在研究生的培养环节，从外文文献阅读入手，指导学生学会高水平论文的基本编写思路、写作规范等，对研究生进行全面的学术论文阅读分析训练及技能培养。此外，导师从学术道德和学术规范、外文文献阅读、研究选题、研究基本思路确定和完善、论文工作开展、论文写作规范等角度，对研究生进行全面的指导和训练，定期组织组会汇报与讨论，及时了解学生课题进展，并进行切实有效的指导和督促，严格把控过程质量培养，对研究生开题、中期、毕业论文答辩等每一步都严格要求和把关，培养学生过硬

的技术。

紧跟学科前沿，培养学生学术敏感度。从学生入学开始，团队就在文献前沿导读方面进行强化，通过这种方式引导学生关注学术前沿，拓宽研究视野和研究思路，为后续开展论文工作打实基础。为进一步强化研究生对学术前沿的及时把握，团队建立了学科前沿分享微信群，坚持每日推送环境学科最新研究进展，并组织大家进行相关方向的讨论。在日常的指导过程中，导师积极利用组会、一对一指导谈话等方式，及时与学生进行课题研讨。更重要的是，团队为学生提供诸多参加国际、国内会议的机会，鼓励研究生"走出去"，在思想交流和思维碰撞中提高对国内外前沿热点的学术敏感度。

二、小组讨论，联合指导，促进学生形成环境学科交叉思维

导学团队内的研究生，根据研究方向划分为若干研究小组，分别涉及环境污染控制、环境微生物和环境污染分析方向。团队采取"小组内讨论，联合指导"的研究生培养模式，由科研方向类似的导师组织小组会，加强对学生的因材施教，突出高效指导。由不同科研方向的导师从不同角度对研究生进行指导，强化学生的多元思维和多向思考，突出交叉融合。在小组会中，学生可依据自己的研究方向，将研究课题与团队内具有类似学术目标的导师的研究优势相结合，实现了"优势互补、弱化短板"。这种培养模式，不但开拓了学生的研究思路，提高了学生的创新能力，并且提高了研究成果的档次和产出效率。

学生之间的交流往往更能碰撞出思维的火花。团队定期组织不同课题小组之间的交流和汇报，促进同学间从不同角度对各自课题的思路进行打磨，相互对课题的进展和未来研究的方向提出建议。在没有导师"干预"的情况下，学生们从计算模拟、分析表征、生物培养等角度对"战友"的课题提供诸多切实可行的建议，实现了研究生成员间的多点互动、知识共享，该举措不但对研究生开题题目提供

了多方位、多角度的意见，也促进了交叉型课题的产生与发展。

三、制定规范，加强引导，强化学术诚信建设和学术道德传承

围绕近年来普遍发生的师德师风问题、学术道德问题、德育缺失问题等，团队从教师师德师风建设做起，制订基本的学术规范准则，集中学习国家对教师师德师风的要求，提高团队导师的思想道德水平。团队严格规范学术理论道德行为，督促学生遵守学术规范，严谨治学，对新发现的科研现象要重复多次实验，确保实验结果的稳定性和可靠性。在论文写作过程中，教育学生尊重他人的科研成果，正确引用，杜绝抄袭。此外，团队通过开展组内"文化论坛"和"畅谈佳话，共铸前程"等特色活动，结合思政热点对研究生进行思政教育。

案例成效

1. 车同学，指导教师周豪，其撰写的论文获评辽宁省优秀硕士论文。
2. 高同学，指导教师刘阳，辽宁省优秀毕业生。
3. 张同学，指导教师柳丽芬，辽宁省优秀毕业生。
4. 高同学，指导教师柳丽芬，辽宁省自然科学论文类二等奖。
5. 李同学，指导教师柳丽芬，辽宁省自然科学论文类三等奖。
6. 吕同学，指导教师柳丽芬/任雪峰，第七届"中表镀－安美特"奖学金。
7. 刘同学，指导教师柳丽芬，"AETEE,2019"国际会议（日本）"Best Presentation Award"（最佳表现奖）。
8. 近5年，累计6人获评大连理工大学优秀硕士论文。
9. 近5年，累计10人（7名博士研究生，3名硕士研究生）获得国家奖学金。
10. 近5年，累计14人获得校优秀研究生称号。

导师团队寄语

希望研究生们研究真问题，增长真本领，惜时间、能创新，提高创造价值的能力与最大化实现创新成果的可能。担起对家人的责任，融入家国情怀，将国家富强、人民幸福作为前进的动力和人生价值追求。使命让青年成长更快，担当让潜能发挥更好。要有强健的体魄、强大的意志和沉稳的心理素质，奋发有为，追求卓越，不负时代！

案例分析

全面落实研究生导师立德树人职责，且将其作为首要职责，要求导师坚持"德育"和"智育"并重，提高导师自身的"德"与"才"。在实际工作中，制订切实可行的研究生培养模式和措施，是实现研究生培养质量提升的关键。

在研究生导师的基本素质提升方面，"政治素质过硬""师风师德高尚""业务素质精湛"是对研究生导师的基本要求。团队中9名教师，有8名教师是中共党员。团队注重师风师德建设：一方面，组织各位老师学习教师职业道德规范和学术规范，正确行使导师的权利，履行导师的义务，确保有足够的时间和精力给予研究生启发和指导；另一方面，倡导为人师表、爱岗敬业的风尚，以高尚的道德情操和人格魅力感染、引导学生。此外，团队经常性地组织学术探讨，进行科研方向规划，关注教学能力提升。学科带头人从提高教育理念、重视课程前沿引领、创新与丰富教学手段和模式等角度对年轻教师提供指导与帮助。

研究生基本素质培养方面，"提升研究生思想政治素质""培养研究生学术创新能力""培养研究生实践创新能力""增强研究生社会责任感""指导研究生恪守学术道德规范"是研究生培养的关键。"德育"的关键，就是要让所培养的研究生兼具较高的思想政治素质和社会责任感。团队采用启发式交流方式，培养研究生提出问题、分析问题、解决问题的能力和思维。针对专业型硕士，团队着重培养其实践创新能力，鼓励研究生积极参加国内外专业实践活动，以实际应用问题作为导向，指导研究生从实际应用中寻找科学问题的能力。同时，培养研究生严谨认真的治学态度和求真务实的科学精神，自觉遵守科研诚信与学术道德，杜绝学术不端行为。

在师生交流方面，导师团队尽力优化研究生培养条件，积极为学生创建良好的学术交流平台，为研究生创造参与学术交流的机会。尤其注重对研究生的人文关怀，在关注研究生学业压力的基础上，主动对研究生进行人文关怀和心理疏导，关注毕业生的就业压力，引导研究生做好职业生涯规划。

延伸阅读

柳老师治学态度严谨、知识与经验储备深厚、视野广阔，通过循序渐进的引导，逐渐培养学生独立思考、分析与解决问题的能力，鼓励学生在理论上进行深入探索，挖掘科学问题的内在机理，培养学生科研素养。柳老师平易近人、温婉可亲，像长辈一样在生活中对学生关怀备至，开导学生的情绪、分享人生道理，令学生终身受益。每当遇到困难、受到挫折时，柳老师总会耐心地给予指导和鼓励，似母亲般的叮嘱让学生时时感受到家的温暖，从而更有信心地面对科研和生活中的挑战。

——团队培养的毕业生 张同学

如果只能用一个词形容我的课题组，我想一定是"匠人精神"！整个课题组里没有为了文章而低头盲目苦干的同学，有的只是通过自己查阅文献、找出问题并为解决问题而忙碌的身影；没有脱离现实的空泛探索，只有针对目前环境处理面临的难题所进行的研究；没有古板的公式化实验，有的是为兴趣进行的拼搏……。"科研不是文章，研究不能抛开现实，要把现在社会的需要与我们的研究结合起来，把科研变为实际的产出，做到从实验室到工业化应用"，我的导师柳丽芬老师是这样说的，也是这样做的，更是这样教育我们的！在日常科研遇到问题时，老师会陪我们一起分析思考，直至解决问题；在我找工作迷茫时，老师会关切地询问我，时常与我交流。人的一生应该怎样度过？这是老师在我迷茫时让我思考的问题，"位卑未敢忘忧国"是老师言传身教的答案；"成功不是一开始就有，而是不断地积累磨炼才形成的"，是老师在我气馁时对我的勉励；"百尺竿头还需更进一步"是老师在我取得小成就沾沾自喜时的谆谆教诲。

——团队培养的 2019 级在读硕士研究生 侯同学

于我来说，在周豪老师指导下读硕士的三年是一段非常宝贵的经历。犹记得刚刚考上硕士研究生的时候，我的内心充满了对未来的期待与忐忑。现在回想起来，总是会觉得自己运气很好，能来到柳老师的团队。虽然我们的课题组刚刚成立，但是组里的气氛温馨得就像是另一个家一般，有谆谆教导的周豪老师和其他各位老师，还有亲切温暖的师兄师姐和勤奋好学的师弟师妹。在日常的学习生活中，周豪老师非常善于用潜移默化的方式来培养我们的科研素养，充分激发我们的主观能动性进行科研活动。每当实验遇到困难的时候，周豪老师总是会非常耐心地与我们一起探究解决方法，在组里的三年时光使我受益良多。在临近毕业的迷茫之际，更是周豪老师的鼓励坚定了我继续追求博士学位的决心。师者，传道授业解惑者也，不外如此！

——团队培养的毕业生 王同学

研究生三年，收获很多。细数一下，从 308 实验室和柳老师团队里的张旭旺老师身上学到的知识与习惯多不胜数。至今回忆起来，仍感激不尽。从老师身上学到的最为基础的便是一份严谨的态度与精神，这也伴随着我的工作至今。无论是初始的那份工作，抑或是后来参与面试的质量专员岗位和咨询师岗位，这份严谨始终是我不可或缺的一份品质，是我打动面试官的一个优点。同样的，无论是在技术层面还是文案层面，我认为这都是十分珍贵的品质。当然，我还跟老师学习了很多技术层面的知识，这些知识在我目前实习期轮岗中，在不同实验室进行实验的过程中成了我重要的基础，也为我的工作更加顺利地进行提供了能力支持。毕业已经快半年，十分怀念老师和同学们以及在实验室的日子。我会珍惜之前学到的一切，也会努力让以后的自己变得更优秀。

——团队培养的毕业生 宋同学

吾辈笔耕于纸上，师者笔耕于吾辈心间。研究生时期，遇见柳老师团队里的易先亮老师是一件非常幸运的事情，他给予了我各个方面的指导：他对待工作认真负责，科研能力突出，不断培养我的科研能力，让我对科研产生了越来越浓厚的兴趣，知识脉络不断完善，实验操作技能大大规范和提升，理论创新和独立科研的能力不断增强，为今后的学习打下了良好的基础。易老师从没有畏难心理，遇到难题总会第一时间寻找解决办法，从不拖延，这对我的影响是巨大的，无论是在工作还是在生活上面，潜移默化地使我养成了良好的习惯。我要感谢老师对我的悉心关怀，与老师的每次谈话都能使我感受到家人的温暖，对于我的关心和帮助，照亮了我最不自信的灰暗时光，让我不忘初心，继续前进。

——团队培养的 2019 级在读硕士研究生 杨同学

（周豪、范秋雨）

案例 16

坚持立德树人，打造"德业双馨"导学团队

◎ 团队名称：外国语学院文学哲学跨学科指导导学团队

◎ 导师组成员：秦明利、吴卓娅、隋晓荻、殷晓芳、丁蔓、徐明莺、马莉、王爽、王晶石、刘春鸽

◎ 在读学生成员：博士生7人，硕士生35人

案例导读

外国语学院文学哲学跨学科指导导学团队坚持育人与教学并重的基本思路，以新文科背景下的一流英语专业建设和文学、哲学跨学科建设为基本导向，创造性地将文学哲学研究范式应用于硕士和博士的人才培养当中。通过以项目牵动培养人才的模式，团队成员以文学哲学为基本研究范式，以教育部主管学校主办的《外语教育研究》期刊、《文学与诠释》集刊、辽宁省"公共阐释与公共语境建设研究基地"等学科平台作为支撑，主持或参与多项国家社科基金一般项目和重

大项目、教育部人文社科基金项目和省社科基金项目，荣获多项辽宁省教学成果奖、省级优秀科研成果奖、教学成果奖，论文成果发表于 A&HCI 国际检索期刊以及 CSSCI 外国文学学科顶级期刊 50 余篇，培养了一批优秀的博士、硕士研究生。

案例文本

在党的教育方针指导下，外国语学院文学哲学跨学科指导导学团队以"立德树人"作为研究生培养的根本目标，为培养具有社会责任感、具备创新精神和实践能力的人才，导师团队成员努力提升自身的育人能力，既做学生的学业导师，又做学生的人生导师。

一、坚持提升道德修养，做学生的行动楷模

团队教师努力提高自身的知识水平和研究水平，注重政治理论学习和师德师风建设；认真学习并贯彻习近平总书记的重要指示精神，坚持正确的政治方向，树立科学的世界观、人生观和价值观，始终保持着对教育事业的热爱和忠诚，将教书育人和为人师表相结合，并以良好的思想政治素质和行为表现影响学生，以高尚的道德情操和品行引导学生。

为实现"立德树人"的人才培养目标，团队教师积极主动学习中华民族的优良道德传统和现代道德理论。中国传统文化中包含着丰富的道德意蕴，为自身的道德发展提供了丰富资源，同时，团队教师善于将传统道德与社会主义相结合，自觉加强自身的道德修养。在现代道德理论中，也有诸多符合教育教学和人才培养的客观规律，团队教师们通过深入研习掌握规律，树立良好师风，做学生的行动楷模。

二、坚持围绕国家需求，探索特色鲜明的人才培养模式

团队围绕国家人才培养需求，充分挖掘自身在外国语言文学学科和哲学学科的研究优势，同时结合国家"新文科"建设的内涵，不断加深、强化和拓展研究范围，使文学哲学研究成为外国语学院的特色研究方向，并探索出突出"三个重点"的人才培养模式。跨学科学术人才培养模式，以马克思主义哲学为指导，以文学哲学前沿研究为方向，培养兼具外国语言文学和哲学学术能力，以及跨学科研究能力的新型学术人才。国际化人才培养，以中国话语、中国理论为基础，以前沿的交叉学科研究为方向，聚焦国际前沿文学哲学研究成果，培养兼具中国意识和国际化前沿视野的先进创新人才，依托现有国际合作，实现人才的海外培养。以实践为导向的人才培养模式，以中国当下的现实和问题为导向，以诠释学视域下的文学哲学研究为基础，聚焦跨学科研究的社会实践价值，依托现有经济社会发展平台，实现以实践为导向的人才培养。

三、坚持紧跟学术前沿，切实提高育人实效

在知识和信息高度发达的现代社会，一流人才应具备创新精神，要实现研究生创新精神的培养，导师应具备独到的学术视野和专业的学术眼光，这些都离不开导师自身专业素质的不断提高。团队教师始终保持着学习的态度和开放的精神，持续关注国内国际学术前沿，不断消化吸收最新的学术研究成果，将其转化为内在的专业素质，并落实到教育教学中，为培养一流人才提供了有力保障。

研究生培养形成了一套较为完善的学习训练流程，通过基础理论学习，以文学哲学的基础理论为学习内容，以教师讲解、学生反馈的形式，系统地学习包括诠释学、西方思想经典、西方文论在内的中、外文原著，帮助学生构建扎实的基础理论知识体系；前沿理论学习，以当前语境下的前沿理论和研究成果为学习内

容，通过学生讲解、教师点评、师生问答的形式，聚焦文学哲学领域的前沿热点，培养学生的问题意识和创新意识，提高学生研究的前沿性；学习成果讨论，以学生学习成果为讨论对象，通过学生展示、教师点评、学生问答的形式，帮助学生走出个人研究的局限，弥补科研不足，解决共性问题，同时帮助学生互相监督，取长补短，使学生在组会学习中快速提高科研能力。

案例成效

1. 指导学生发表多篇 A&HCI、CSSCI 高水平论文。
2. 指导多名硕士研究生获得国家级和校级奖学金，省级和校级优秀毕业生，优秀毕业论文等荣誉称号。
3. 指导学生发表会议论文并获奖：辽宁省社会科学活动优秀成果一等奖多项、辽宁省文学会优秀成果一等奖多项。
4. 主持或参与重要科研项目：国家社科基金重大项目子课题"'语言诠释学'相关词条编纂及研究"，国家社科基金重大项目子课题"英美学界德国早期诠释学研究"，国家社科基金"斯坦利·卡维尔文学思想研究及著作翻译""作为哲学范式的文学：伽达默尔文论研究"，国家社科基金项目"美国当代诗歌的差异性审美模式研究"，国家社科基金青年项目"德里达'药'的文学哲学研究"。
5. 编写教学专著：《中国大学外语教育：人文精神培育》《外语教学与人文精神培养会议论文集》。
6. 编写专著：《艾略特的哲学语境》《作为哲学范式的文学：伽达默尔文论研究》。
7. 推进科研平台建设：辽宁省公共阐释与公共语境建设研究基地、《外语教育研究》期刊、《文学与诠释》集刊并行发展。
8. 在教学、科研领域获奖：辽宁省教学成果一等奖、辽宁省哲学社会科学成果奖等。

9. 荣获辽宁省社会科学二等奖3人次，三等奖1人次。
10. 带领学生参加国内外学术会议：2019年"德国古典哲学与诠释学"国际学术研讨会、诠释学与人文传统——第15届诠释学与中国经典诠释学术研讨会暨2018年中国诠释学年会等20余次。

导师团队寄语

各位同学，文学育人以审美，哲学育人以智慧，在文学+哲学的跨学科培养模式中，你会在文学阅读中陶冶情操，在哲学思辨中追寻真理！美即真，真即美！

案例分析

外国语学院外国语言文学专业文学哲学跨学科指导团队，以文学哲学及语言哲学的阐释学研究为方向和特色，历经10余年高质量、高水平发展，已成为一支拥有外国哲学专业博士生导师、外国语言文学专业硕士研究生导师的综合性的研究生导学团队，团队中有教授5人，副教授4人，讲师1人，所获成果在国内领先。团队教师目前指导及培养的在校博士生7人、硕士生30人，近五年毕业的博士生4人、硕士生80人。

文学哲学导学团队坚持育人与教学并重、实践与理论并行的基本思路，在教学、科研、工作、生活等多方面取得了优异成果。首先，在教学方面，以新文科背景下的一流英语专业建设为基本导向，创造性地将文学哲学研究范式应用于外语教学当中，具有广泛的示范效果。在研究生课程安排中，将阐释学纳入课程计划中，并将以施莱尔马赫为代表的德国早期诠释学思想以及以海德格尔、伽达默尔为代表的本体论阐释学思想纳入日常学习计划中，进一步加深和拓展了研究生同学对西方文论的认识深度与广度。除课程安排外，每周组织的研究生组会成为同学们相互交流学术问题的重要场所。组会以学习伽达默尔的经典著作《真理与方法》为主，从读书方法、论文架构、理论内容等多方面展开，为研究生的理论学习以及论文规范写作提供了较大帮助。

其次，在科研方面，文学哲学团队的研究平台建设成熟，拥有3个学术平台，分别是教育部主管、大连理工大学主办的期刊《外语教育研究》、集刊《文学与诠释》、辽宁省公共阐释与公共语境建设研究基地。在此基础上，团队成员以文学哲学为基本研究范式，以阐释学为基本研究进路，研究对象涵盖英、法、美、德等国家多位著名思想家及理论家，并且囊括了阐释学、现象学、存在主义、文学伦理学、诗学研究等诸多领域，为研究生的科研活动提供了深厚而多样的理论和实践选择空间。目前，指导学生完成和正在进行中的科研论文内容包括卡维尔的莎士比亚悲剧研究、利科的叙事诗学研究、作为福柯僭越哲学实施的文学研究、罗蒂文学研究、布尔迪厄的文学场理论研究、努斯鲍姆文学伦理研究、列维纳斯诗学研究等。此外，文学哲学团队成员积极投身于科研建设，多次获得国家社科基金及教育部人文社科基金支持，为团队的科研水平提升和发展奠定了基础。团队教师注重学生的学术写作以及成果积累，在学术写作方面勤加训练，成员的多篇论文成果发表于A&HCI国际检索期刊以及CSSCI外国文学学科顶级期刊当中。此外，团队成员在导师的带领下，多次参与国内外学术研讨会，在会议上与海内外优秀学者相互交流，并发表学术讲演，取得多项优秀成果奖项。

最后，在工作生活方面，团队成员坚持勤做事、做可为之事、成有为之人的基本要求，在工作和学习中力求坚守初心、勤奋刻苦、尽职尽责。目前团队中10余人在国内高校继续从事英语教师行业，为英语专业建设和科研发展贡献力量；20人在国内外高校攻读博士学位，继续为英语教学和科研工作贡献力量；20余人继续从事教育、翻译相关行业；4人在高新技术行业任职。总而言之，经过十余年的积累和发展，大连理工大学外国语学院文学哲学跨学科指导团队已成为向社会培养和输送英语专业人才的一支重要队伍。

延伸阅读

在文学哲学跨学科指导导学团队的培养下，我在硕士阶段就确立了文学哲学跨学科的研究方向，并在上海外国语大学博士阶段的学习中获得美国加州大学伯克利分校的联合培养资格。2017年我回到母校任教后，因凭借对法国哲学家德里达的研究成果，获得国家社科基金青年项目和辽宁省哲学社会科学青年人才培养对象等称号。团队从人生观、价值观、学术观等多方面给我带来了积极的影响，对培养跨学科研究能力带来了决定性帮助。

——团队培养的毕业生、现大连理工大学教师 王老师

我的研究理想开始于加入文学哲学跨学科指导导学团队，依托硕士阶段的伽达默尔文学诠释学研究，以优异的成绩进入南京大学攻读博士学位，并赴美国波士顿大学联合培养。博士毕业后于2017年任职于南京航空航天大学，在团队的支持下获批江苏省双创博士、江苏省哲学社会科学基金后期资助项目等。团队的良好氛围对于树立我的学术理想产生了积极作用，团队师生展现出的学术素养是我投身于文学哲学研究的重要原因。

——团队培养的毕业生、现南京航空航天大学教师 白老师

我的本、硕、博均在文学哲学跨学科指导导学团队的指导下完成。从本科毕业论文的选题开始，到硕士阶段的柏拉图诗学研究，再到博士阶段的黑格尔研究，

我都在团队定期组织的学术活动中不断加强自身的文学哲学跨学科研究能力。在赴德国海德堡大学哲学系进行博士联合培养期间，我仍然坚持定期参与团队活动。2021年留校任教后，我获得了辽宁省社科立项，继续从事文学哲学研究工作，积极投入团队的日常活动和建设当中。

——团队培养的毕业生、现大连理工大学教师 刘老师

得益于文学哲学跨学科指导导学团队的培养，我自2021年9月开始在意大利求学。团队定期组织的组会研读、问题讨论、论文写作等活动，让我接触到最前沿的文学哲学科研成果，从而得到了意大利帕多瓦大学哲学系的认可，并获得了国家留学基金委的资助。得益于团队教师多年的悉心指导和倾力培养，我不断夯实了专业基础，提升了科研能力并丰富了研究经验。

——团队培养的毕业生、现帕多瓦大学博士生 林同学

在文学哲学跨学科指导导学团队各位老师的辛勤指导下，我顺利通过了2022级硕博连读考核。让我受益最大的是团队老师在组会上讲述的《真理与方法》和同学们的讨论。组会的学习和讨论不仅明确了哲学和文学的关联性，更重要的是拓展了我的学术视野。博士期间我将在地形学哲学方面有所创新和突破。在团队的帮助下我对职业生涯有了清晰的规划，希望未来可以继续投身科研事业，为学科建设以及学校发展做出贡献。

——团队培养的在读硕博连读生 黄同学

（丁蔓、张天昊）

案例 17

立足工程项目管理重大需求，践行服务社会使命

◎ 团队名称：经济管理学院项目投融资决策与治理导学团队

◎ 导师组成员：宋金波、朱方伟、王欢明、冯卓、于淼、孙秀霞、高景鑫、宋洁、孙谋轩

◎ 在读学生成员：博士生25人，硕士生91人

案例导读

大连理工大学经济管理学院项目投融资决策与治理导学团队负责人为宋金波教授，团队包含3名教授、3名副教授、2名助理教授，25名博士研究生与近百名硕士研究生。团队围绕"立德树人"这一根本任务，从思想政治、理论知识和项目实践多个环节建设导学团队，致力于培养一流的研究学者和项目管理人才。团队获得了由国家科学技术部中国国际人才交流基金会颁发的这一项目管理领域最

具含金量的奖项——中国项目管理发展二十年杰出教育贡献奖。

多年来，团队教师着重培养学生的科研兴趣和创新精神，紧紧围绕我国投融资体制改革的重大需求，开展"顶天立地"的研究。团队教师身体力行，全身心投入教学与科研，相继取得了一批原创性成果：团队承担了国家自然科学基金重点、面上及青年项目12项，政府和企事业单位咨询项目等重要项目30余项，经费超2000万元，出版专著5部，在国际与国内知名期刊发表论文200余篇，ESI高被引论文2篇，研究成果在城镇综合开发、交通、能源、环保等数十个工程中被采纳和应用，2份资政建议和研究报告获省市领导批示。

案例文本

一、立德树人，赓续红色基因强化团队建设

传承大工红色基因，全面落实"三全育人"，在导学团队建设中坚持立德树人，积极探索将思政元素融入教学育人与科研育人活动中，促进研究生学术科研能力和思想道德素质同步提高；引导研究生将学术研究与经济社会发展需求相结合，强调学术道德规范，培养研究生良好的专业素养与道德品质。

团队教师讲授"项目管理案例""项目计划与控制""项目管理概论"3门硕士生课程和"项目管理前沿"博士生课程，其中，"项目管理案例"被评为大连理工大学研究生精品课程。在课程中，精心设计中国重大工程、一带一路典型工程、工程伦理、工程投融资决策案例和政策法规等内容，运用案例教学方式循循善诱，激发学生的情感共鸣，让爱国主义和民族自豪感在课堂上时听时新、常思常悟。

团队负责人培养3名博士生加入党组织，为组内研究生以及对口联系硕士生1805党支部和1807党支部多次讲授党课。2021年5月19日，硕士生1805党支书、研究生刘晓在党课结束后对团队负责人说："您带领我们全面回顾疫情及应对的

发展过程，并深入剖析了国家治理及制度优势，我们要将这种攻坚克难的精神从一而终地贯彻于今后的科研与工作生活中。"

依托团队负责人主持的中国学位与研究生教育研究课题和大连理工大学研究生教改重点项目，将思想政治教育融入课程和科研活动中，引导研究生树立将理想与德行放在商业利益之前的信念。以"四个服务"和"守初心、担使命"为基本宗旨，将党史、中国革命史、中美贸易战、南海争端等主题教育内容加入研究生培养环节中，深入培育学生的社会主义核心价值观。

团队在科研过程中强调坚守科学精神、学术诚信，在科研任务中抓细节指导、因材施教，培养兼具理论基础和实践知识的复合型项目管理人才。

二、身体力行，利用科学知识推动团队建设

践行学院"扎根实践培养卓越管理人才、凝练商学新知、推动社会进步"的育人使命，从基础理论研究到实践问题突破，团队潜心科研，敢于创新，致力于解决重大工程的投融资决策失误和过程管理低效等工程管理与项目治理领域的"卡脖子"问题，服务基础设施投融资体制改革和重大工程管理理论发展需求。

近年来，团队师生潜心研究，在复杂工程项目事前合同设计优化、事后再谈判与提前终止决策等方面提出若干原创性的研究思路和方法，并在重大型号工程管理领域取得一系列重要研究成果。团队在 $Public\ Administration$、$Regional\ Studies$、TRA、TRB、TRE、PMR、$Cities$、IJPM、JME、《南开管理评论》《公共管理学报》《系统管理学报》等国内外权威期刊发出"大工声音"，获教育部高等学校科学研究优秀成果奖、辽宁省哲学社会科学成果奖、大连市社会科学进步奖及论文竞赛获奖近 20 次。团队多名研究生在 ICSDM 国际会议、PPP 学术高峰论坛、中国 PPP 学术 30 人论坛等国内外会议宣讲了研究成果，受到海内外同行专家的高度肯定与赞扬。

团队坚持理论研究与管理实践的紧密结合，注重研究成果的落地应用。团队成员依托垃圾焚烧发电 PPP 项目补贴机制设计相关研究成果，为大连市垃圾焚烧发电项目提出了"弹性特许期"和"非累积收益返还方式"两个重要建议，该建议被大连市政府采纳，为规避日方投资者隐藏的合同风险、防止其利用信息不对称获取暴利提供了重要的决策指导，累计为政府节省补贴支出超过 6 亿元。团队还开展了大连湾跨海交通"隧－岛－桥"集群重大工程的建设运营管理咨询，该项目入选中华人民共和国发展和改革委员会（下称"国家发改委"）重大市政工程项目库和财政部 PPP 示范项目库，在投资主体与工程边界条件同时变动的复杂情境下，团队将政府规划与财政承受能力约束、资本金比例、特许期、补贴、周边竞争性公路、车流量风险和经济波动因素的联动分析引入该工程的综合决策中，发现未来补贴数额将远超政府的财政承受能力，为政府规避了约 300 亿元的投资风险和系统性信用风险。此外，团队多项成果被应用于多个省市的城镇综合开发、交通、环保项目，获得辽宁省领导的批示，并借助国家发改委和财政部平台向全国推广，研究成果和观点多次被搜狐网、中国经济导报、中国发展网和中青网等媒体报道。

团队负责人牵头发起了中国 PPP 学术高峰论坛、中国 PPP 学术 30 人论坛和中国高校 PPP 论坛，2016 年至今已举办五届。团队成功主办了 2018 年第三届 PPP 学术高峰论坛，参会人员超过 400 人，在业界极具影响力。

三、知行合一，扎根社会实践促进团队建设

注重导学精严相济，师教终生受益，导学团队在扎根实践的道路上不仅走出了"深度"，更彰显了"温度"。根据项目管理专业特点，引导研究生投身国家发展建设的关键领域就业，强调学以致用，使研究生能将所学的专业理论和专业技能在工作岗位上举一反三，通过创新实践为社会进步贡献个人力量。

在团队教师的带领下，研究生前往典型基础设施与公共服务项目中调研，并参与到轨道交通、市政工程、海底隧道等典型工程咨询工作中。团队培养的博士生以服务社会为导向，将理论与实践相结合，从"小切口"着手研究"大问题"，依托团队课题探索解决社会重点、难点、痛点问题，开展"顶天立地"的研究，他们毕业后均已成为全国高校青年研究学者的中坚力量。其中，宋丹荣博士入选辽宁省"百千万人才工程"万人层次；靳璐璐博士于2018—2020年赴美国得克萨斯州大学奥斯汀分校联合培养，获得校优秀博士学位论文奖；硕士生杨福刚被评为全国青年岗位能手。近20年来，团队为银行、地产、工程建设、电商等行业培养了大量优秀管理人才。

团队教师注重培养研究生拓宽国际视野，鼓励研究生把握学术前沿脉搏。团队从项目管理、公共管理、城市经济多学科交叉的底层逻辑出发，聚焦新型城镇化发展进程中的项目治理问题，积极与国际研究接轨。团队已与加利福尼亚大学伯克利分校、BI挪威商学院、得克萨斯州大学奥斯汀分校、马里兰大学等学校建立了长期合作关系，鼓励学生带着研究问题"走出去"，再将国际学术思想"带回来"。推荐多名博士、硕士研究生前往美国、英国、澳大利亚等国家高水平大学交换学习，参加INFORMS和POMS等高水平学术会议。

团队注重对每位青年教师和研究生的培养，帮助他们快速成长、共同提高。导师组在疫情期间密切关注学生动态，疫情初期立即为湖北孝感、黑龙江哈尔滨学生寄送防疫物资。面对后疫情阶段就业困境，耐心鼓励学生树立专业信心，提供京东、中国电力建设集团等大量实习资源，为社会输送了优秀的企业管理人才。团队负责人多次到保山市和龙陵县对口联系扶贫事宜，带领团队义务为保山市新型城镇化工作进行调查研究，撰写的调研报告获得保山市市长批示。

案例成效

1. 宋金波教授，2019年入选教育部青年长江学者和辽宁省百千万人才工程（百层次），2018年被辽宁省委和省政府授予"辽宁省优秀专家"荣誉称号，2018年入选辽宁省高等学校创新人才支持计划，国家发改委和财政部PPP专家库专家。

2. 朱方伟教授，2020年入选教育部青年长江学者和辽宁省百千万人才工程（百层次），入选辽宁省教学名师，获宝钢教育基金优秀教师奖。

3. 王欢明教授，2020年入选中组部"万人计划"青年拔尖人才。

4. 冯卓副教授，2020年入选"星海人才培育计划星海青千"项目。

5. 团队于2019年获得了由国家科学技术部中国国际人才交流基金会颁发的"中国项目管理发展二十年杰出教育贡献奖"，该奖项是项目管理教育领域中最具含金量的奖项。

6. 已毕业的宋同学，主持国家自然科学基金青年项目1项、辽宁省社科基金1项、辽宁省教育厅课题2项，获辽宁省哲学社会科学成果奖2项，入选辽宁省"百千万人才工程"万人层次，其硕士论文被评为"辽宁省优秀硕士学位论文"。

7. 已毕业的靳同学，主持2020年中国博士后科学基金第67批面上资助项目，于2018年赴得克萨斯州大学奥斯汀分校联合培养。

8. 团队培养3名博士生加入党组织，为团队研究生及对口联系硕士生1805党支部和1807党支部多次讲授党课。

9. 团队指导研究生累计发表国内外高水平期刊论文200余篇，培养研究生7次获辽宁省哲学社会科学成果奖，1次获大连市社会科学进步奖，3次获"PPP全国高校论文竞赛优秀奖"，1次获第十五届（2020）中国管理学会年会优秀论文。研究生成果入选《世界经济年鉴2017》"国际投资学2016年十佳中文论文"，获"2015 ICSDM国际会议最佳论文奖"和第九届"创青春·服务业杯"全国大学生创业大赛辽宁省三等奖。

10. 累计8人次获国家奖学金，4人次获航天科技专项奖学金和村井隆奖学金，3人次获全国研究生数学建模竞赛优秀奖。

11. 累计10余名研究生获得辽宁省高校优秀毕业生、大连市优秀团员、大连理工大学优秀共青团干部、大连理工大学优秀研究生、优秀学生干部标兵和大连理工大学研究生优秀志愿者等荣誉称号。在读博士研究生刘红艳获大连理工大学"我的导师"主题征文活动二等奖和"研究生文化作品大赛"二等奖，硕士研究生孙德瑾获辽宁省大学生排球锦标赛二等奖、大连市高等学校排球比赛第一名。

12. 推荐多名学生到美、英、日、德、澳大利亚等国家高水平大学留学或访学；培养了来自布基纳法索、白俄罗斯和朝鲜等国家的博士、硕士留学生。其中，来自非洲布基纳法索的硕士研究生Bagaya Ousseni在ASCE国际工程管理权威期刊JME上发表了1篇论文。

导师团队寄语

《左传》有言，"太上有立德，其次有立功，其次有立言"，面对"百年未有之大变局"的际遇与机缘，希望大家勇担时代重任，情理兼修，德才并重，秉持笃行厚学的院训，踏实躬行，勇于实践，为这个时代贡献中国智慧！

案例分析

习近平总书记对研究生教育工作做出重要指示强调，推动研究生教育适应党和国家事业发展需要，坚持"四为"方针，瞄准科技前沿和关键领域，加快培养国家急需的高层次人才，为坚持和发展中国特色社会主义、实现中华民族伟大复兴的中国梦做出贡献。案例中的项目投融资决策与治理团队便是具有"树人为本、厚学为要、创新为先、笃行为任"文化价值的一支特色鲜明的导学力量。在该导学团队中，教师注重春风化雨榜样作用，发扬大工红色基因，以厚植家国情怀、服务国家重大战略；深耕科学研究，贡献创新实践力量，育人硕果累累。这些丰富经验为"立足于导师的言传身教，培育研究生坚持服务社会、践行使命担当"提供了有益的启示。

首先，团队始终如一地传承"为党育人、为国育才"的大工红色基因，以爱国主义和责任使命教育为育人重点，将立德树人、培养引领未来的社会栋梁与专业精英作为根本任务，把思政教育作为人才培养的首要任务抓紧抓实。在2021年建党百年节点与第37个教师节之际，《教育部关于学习贯彻习近平总书记给全国高校黄大年式教师团队代表重要回信精神的通知》对团队教师提出了育人新要求：心有大我、至诚报国，教书育人、敢为人先，把爱国之情、报国之志融入祖国改革发展的伟大事业之中、融入人民创造历史的伟大奋斗之中。团队教师在教书育人过程中持之以恒地紧抓思想政治引领，在课程设计中选择研究生喜闻乐见的形式与话题，春风化雨、润物无声地将爱国主义与家国情怀的思政教育内容融入课堂教学；以团队教师讲授"项目管理案例"为例，精心设计课程内容，运用案例教学方式培养研究生潜心科研、服务国家战略的家国情怀，激发学生的爱国热情和民族自豪感。同时，团队教师始终如一地在研究生培养环节中鼓励学生时刻"争当优秀大工人""深铸传承大工魂"，紧跟党的步伐，依托"导师带我学理论"认真学习党的会议精神。团队教师将中美贸易战、南海争端等主题教育内容加入研究生培养环节中，深入培养学生的社会主义核心价值观。

其次，时刻心怀"国之大者"，团队主动融入"十四五"开局之际的国家战略与发展需求，融入大工"双一流"建设使命，聚焦行业发展与企业运作的关键管理问题，为学生毕业后的长远发展打牢基础。面向我国工程投融资体制改革和重大工程管理理论发展的重大需求，顺应项目管理与城市治理等国内与国际前沿发展趋势，解决新型城镇化下的项目治理过程中涉及的项目投融资决策、项目治理结构设计、城市治理机制优化、区域可持续发展以及大数据驱动智慧城市建设等多学科领域交叉的基础科学问题与社会现实问题。回顾团队近二十年的科研之路，几多风雨、几多坎坷，但全体师生栉风沐雨、披荆斩棘，团队上下数十年如一日，开展实践导向原创性研究。负责人宋金波教授在每位研究生入学时的谆谆教诲时刻回荡在同学们的耳畔，督促大家在日日自新中勇担时代责任："你是否喜欢自己做的研究？研究的出发点是否是服务社会？科研是为了解释真的社会现象与问题，在这个过程中必须真思考、真勤奋，分析真问题、得出真结果。"同学在团队教师们的悉心关怀和指导之下，在科研道路上攻坚克难，产出了凝聚着团队智慧的多项创新成果。

最后，团队坚持"以知促行、以行求知"的导学理念，构建"求知中实践、实践中深知"的导学机制，依托学校与学院实践基地，致力于搭建实践育人平台；鼓励研究生在认识和服务社会中开阔视野、磨炼意志、增长才干，把小我融入大我，把所知所学化作实践之行。项目投融资决策与治理团队形成"横向学思悟、纵向传帮带"的沟通交流机制，通过组会讨论、走访企业、调研访谈、社会实践等活动载体，教师言传身教，推动学生与教师、学生与学生之间的互动交流，凝聚团队归属感。在科研中，提倡广读文献、厚积薄发，提倡精研理论、勤于实践，提倡慎思敏行、精益求精，提倡团队学习、相互交锋，提倡师生互学、共同提高，进而形成了求实刻苦、多元协作的研究氛围。在生活上，团队每学期都组织一系列团建活动，促进成员之间的交流合作，形成了融洽团结、积极向上的集体氛围，真正让学生感受到"思想上有引导，学习上有辅导，生活上有指导，心理上有疏导"。同时骨干教师时刻注重关心关爱青年教师，为其改善工作条件，解决后顾之忧，帮助教师成长，近年来吸纳了多所国内外知名院校的优秀青年教师，使初入团队的"青椒"们在"人人都是人才，人人皆可成才"的梯队建设中迅速成长为各自研究领域的"生力军"。此外，团队不仅关注研究生的当前学业，更坚持因材施教、有教无类，鼓励研究生毕业后服务国家需求、躬身社会实践。现如今，在海内外知名院校，以及华为公司、宝洁集团、招商银行等国家重点行业领域的顶尖企业中都有团队青春榜样奉献的身影。

延伸阅读

科研之路是一条布满荆棘的道路，有时萌生了一个很好的想法却因为种种原因不能实现，有时满怀信心进行探索换来的却是久久没有进展。在科研的道路上，焦虑、沮丧、烦躁都是再平常不过的事，但面对着这些"煎熬"，我们对于学术仍心向往之，这是因为团队提供了一个"温馨互助"的平台。遇到困惑时团队伙伴们互帮互助、一起探讨，积极向上的团队氛围鼓舞着我们积极寻找问题的解决路径。团队的教师们密切关注学生的思想动态，充分尊重学生的个性，理解学生的情感，善于发现学生的优点和闪光点，给予他们恰当的指导，让学生始终以饱满的热情面对科研，并明确自己的人生目标，成长为国家的有用之才。

——导师成员、团队培养的年轻教师 冯卓 副教授

朱老师（朱方伟老师）是一个永远精力充沛、心中有梦、眼里有光的人，引领着团队一路向前。对于科学研究，他始终身体力行扎根实践，从理论前沿和实践前沿同步出发，时刻督促勉励青年教师和学生做"顶天立地"的研究，不追逐热点，关注研究中的底层逻辑问题，担当服务国家的使命。同时，他还是学生的

人生导师，时常带领学生学习党的理论知识，教导学生要有家国情怀和大局意识，形成宽阔的格局和视野，树立正确的人生观和价值观，这对于学生而言，是不同于专业能力的另一种宝贵人生财富。

——导师成员、团队培养的年轻教师 于淼 副教授

宋老师（宋金波老师）总是能与时俱进，敏锐地捕捉到新的研究课题与研究方向，在团队项目开展前期，宋老师经常和我们举行研讨会进行交流，以缜密的思维逻辑，分析论证研究问题的必要性和可行性，并为我们厘清研究思路，鼓励我们大胆尝试新的研究方向，积极向科学前沿靠拢。同时他严谨治学的科研精神、精益求精的工作作风，也深深地感染着我们每一位青年教师。

——导师成员、团队培养的年轻教师 高景鑫 助理教授

很有幸能够在硕士阶段就加入宋老师（宋金波老师）的团队。他是一位极具人格魅力的导师，他的严谨、睿智、勤奋潜移默化地影响着我。令我印象深刻的是，宋老师对每一位学生的学术成果一直秉持认真负责的态度，逐字逐句修改完善，精益求精，这一切都让我更加坚信，在大工，我遇见了最好的老师，加入了最好的团队，宋老师严谨、负责的态度，推动着我们团队的每位成员时刻保持着对科研、生活的热爱，努力向前。

——团队培养的毕业生、现浙江财经大学讲师 靳同学

每每在周末看到宋老师（宋金波老师）勤耕不辍的身影，就不免对自己提出更高的要求。宋老师身体力行地践行着经管学院笃行厚学的院训，常常告诫我们做研究要立足实践，淬炼真知，服务社会。此外，宋老师时常教诲我们要为人正直，

谦逊有礼，用善良和包容的人生态度对待生活。尽管博士期间面临着较大的科研压力，但宋老师的教导与垂范却给予我前所未有的动力与信心，引领着整个团队踏实向前！

——团队培养的2020级在读博士生 宋同学

你是否相信自己做的研究？研究的出发点是否是服务于社会？如果你能肯定地回答是的，那你就赢得了自我尊重，这是非常重要和鼓舞人心的一件事情。宋老师（宋金波老师）总是让我们思考这两个问题，教我从实求知、服务社会。我想成为像宋老师那样有责任感、清正善良的人，在工作和生活中，做任何事都要做到对自己有所交代，尽自己的努力对社会有所回馈。

——团队培养的毕业生、现招商银行（深圳）员工 岳同学

（冯卓、尹春香）

案例 18

明德厚学，练就栋梁之材

◎ 团队名称：建设工程学部海洋工程水动力学与海洋可再生能源研究导学团队

◎ 导师组成员：滕斌、宁德志、勾莹、张崇伟、陈丽芬、丛培文

◎ 在读学生成员：博士生 17 人，硕士生 30 人

案例导读

建设工程学部海洋工程水动力学与海洋可再生能源研究导学团队，由滕斌教授、宁德志教授、勾莹副教授、张崇伟副教授、陈丽芬副教授和丛培文副研究员组成导师组，指导博士、硕士研究生近 50 名。团队教师坚持先育己、后育人的育人理念，在科研上努力提升学术品位，在道德上严格约束自身言行，言传身教。团队涵育师生互助、师门和谐的团队文化，坚持因材施教，充分尊重学生的主观

能动性，全程跟进学生成长，帮助学生培养科研兴趣、树立学业信心、锻炼学术能力，为国家和社会培养了一大批高素质科研人才。

案例文本

为深入贯彻落实党的十九大精神，加快一流大学和一流学科建设，实现高等教育内涵式发展，大连理工大学建设工程学部海洋工程水动力学与海洋可再生能源研究导学团队依托海岸和近海工程国家重点实验室，先后主持"973计划"等多个国家级重大科研项目，成为海洋领域国家自然基金创新群体团队，取得的成果应用于深海采油平台、四大海区的离岸养殖区、港珠澳大桥等重大工程，获国家自然科学二等奖和国家科技进步二等奖。与此同时在培养研究生工作中，积极贯彻落实"三全育人"的要求，在"三全育人""五育并举"的育人理念下，围绕"德育为先，品学兼顾"的团队育人方针，结合学科特色，立足科研，加强团队建设、创新育人模式，致力于探索新时代高层次拔尖创新人才的培养模式。

一、筑牢根基，开阔视野，培养学生的远大理想

不断强化思想引领，筑牢学生思想根基

思想政治工作是学校各项工作的生命线。习近平总书记在全国高校思想政治工作会议上强调，要坚持把立德树人作为中心环节，把思想政治工作贯穿教育教学全过程，实现全程育人、全方位育人，努力开创我国高等教育事业发展新局面。要高度重视对青年一代的思想政治工作，完善思想政治工作体系，不断创新思想政治工作内容和形式。团队教师思想坚定，积极拥护中国共产党的领导，积极贯彻各级党政学习号召，经常自觉组织学习活动，培养爱国情怀，提高党性素养。团队中勾莹老师、王荣泉博士、袁泽林硕士等荣获校优秀共产党员称号，硕士生张时斌立志毕业入伍，鼓舞着同学们科研报国的决心。

不断强化科研育人，激发学生科研热情

对研究生来说，最大的鼓励莫过于对其科研成果的认可。团队以人为本，采取以正向激励为主的育人方式，帮助学生展示真正具有科学价值的科研成果，努力让学生对科研工作产生满足感和自豪感。受益于这一举措的同学比比皆是，团队2019级硕士生李翔，最初只撰写了一篇简单的中文论文，在团队的鼓舞和支持下，他不断完善、修改、投稿，最终发表了一篇高质量的英文论文。随后，团队顺势而为，鼓励他延伸自己的科研成果。毕业前，李翔做出了多项漂亮的科研成果，最终坚定地走上了科研的道路，如今在斯特拉斯克莱德大学深造。

二、因地制宜，因材施教，造就全面发展人才

团队秉持"兴趣是最好的老师"的理念，充分挖掘每一名学生的兴趣爱好和个人特长，在引导学生主动接触专业前沿和充分思考的前提下，找到科研方向、学生意愿和成果产出的最优组合。在全面了解学生自身条件和兴趣爱好的基础上，导师团队为每一名学生量身定制科研规划，最大限度地挖掘其科研潜能。在这种科学、动态的培养模式下，课题组涌现出大批能力突出、敢于探索、能独当一面的科研人才，学生在 *Physics of Fluid*，*Coastal Engineering*，*Renewable & Sustainable Energy Reviews* 等国际顶级期刊发表大量高质量研究成果。

为丰富育人资源，为学生提供多样化研究方向，团队立足学科背景，不断拓展新方向。同时，为培养出国家和社会需要的立体型、交叉型人才，团队着眼学生的全面发展，坚持为学生争取校内外学习、培训机会，为学生德智体美劳全方位的提升提供团队助力。团队育人成果显著，毕业生深造比例高，就业优势大，均留学于世界一流大学，或服务于教育、科研单位和行业标杆企业等。

三、亦师亦友，躬亲指导，营造团队和谐轻松氛围

友爱互助，团结共进

真挚的同窗友谊是科研的催化剂，更是同学们受益一生的财富。历经二十余年的积淀，课题组互助友爱的门风早已形成。每年十月初的秋季徒步大会、五月末的海边烧烤是课题组的"传统节目"，桌游会、茶话会、初夏踏青、真人CS等课外活动丰富有趣。莲花台、星海大桥、横山寺、西山水库都见证了每一名课题组成员的成长。课题组的同学是坚定的战友，2015级博士生赵玄烈表示，在他攻读博士的三年中，得到了来自课题组成员的大力支持和帮助，这种不为利益的、互助前行的革命情谊足以慰藉一生。正是在团队长久以来的鼓励和支持下，课题组形成了和谐亲密的团队氛围。

言传身教，一丝不苟

在科研工作方面，团队教师对学生课题全程跟进、亲力亲为地指导。课题组充分利用全组汇报、年终总结等形式，讨论学生研究结果的准确性和严谨性，培养学生形成踏实的科研作风和严谨的科研态度。在学生遇到科研瓶颈的时候，团队教师会及时帮助、引导学生多方思考，并给予具体的指导意见，鼓励学生多方尝试，突破难关继续前进。在师生交流方面，导师团队与学生始终保持密切交流。导师团队在学习、科研、生活中给予学生温暖的关怀，学生也会向导师分享自己的心路历程。

案例成效

1. 赵同学、李同学、郭同学，辽宁省优秀毕业论文。
2. 王同学、周同学、范同学，辽宁省优秀毕业生。

3. 王同学、袁同学，大连理工大学优秀共产党员。
4. 李同学、郭同学，全国水动力学会议学生优秀论文奖。
5. 周同学，中国海岸工程学术讨论会青年学术论文奖。
6. 王同学、周同学、李同学、范同学，国家奖学金。
7. 赵同学、周同学，国际海洋和极地工程会议优秀学生奖。
8. 牟同学，全国船舶与海洋工程会议优秀学术论文。
9. 朱同学、刘同学、张同学、史同学、邹同学，第七届全国大学生水利创新设计大赛一等奖。
10. 宋同学、赵同学、谭同学，第二届中国海洋工程设计大赛二等奖。

导师团队寄语

你们饱含热情来到这里，愿你们在此收获成长，取得进步，学业成功。人生的道路不会一帆风顺，事业的征途也充满崎岖艰险，只有奋斗，只有拼搏，才会到达成功的彼岸。你们现在处于奋斗拼搏的年纪，大胆地拼、努力地学，我们会给你们稳定的助力，你们还应当记住，行百里路者半九十，越接近成功越困难，越要认真对待，做事情要坚持到底不松劲，要有咬定青山不放松的韧劲，生活、学习、科研都该如此，愿你们永远饱含理想，永远充满希望。热爱生活，热爱事业！

案例分析

习近平总书记对研究生教育工作做出重要指示强调"研究生教育在培养创新人才、提高创新能力、服务经济社会发展、推进国家治理体系和治理能力现代化方面具有重要作用"。党的十八大以来，随着我国研究生教育的快速发展，研究生教育的地位和作用更加凸显。而在研究生教育中，导学关系是影响研究生培养质量的关键因素。案例中海洋工程水动力学与海洋可再生能源研究导学团队构建了情感融通、发展融合、力量融汇的导学关系，为研究生导学团队中导师与研究生关系的构建提供了样板。

首先，团队坚持立德树人根本使命，构建了团结共进、齐心协力、力量融汇的导学关系。要实现研究生德智体美劳全面发展，归根到底，就是要立德树人。研究生导师除了要有渊博的知识，还需要强化立德树人意识，端正风范行为。案例中导学团队始终重视思想政治工作，组织学生开展各类理论学习活动并以德立身、以德施教，发挥教师榜样示范作用，培养学生爱国情怀和科研报国理想，引导学生将个人理想与国家社会发展需要紧密结合。团队追求师生互助、师门和谐的团队氛围，倡导团结共进、友爱互助的团队文化，汇聚强大的团队力量。在团队培养和学生的个人努力下，团队涌现出大批优秀科研工作者和企事业单位中坚力量。

其次，团队坚持因材施教，遵循研究生培养规律，构建了教学相长、科研合作、发展融合的良好导学关系。因人制宜、因材施教是当代研究生教育应有之义。横向对比，学生生源多样，教育背景不一，有着不同的研究偏好，接受过不尽相同的专业教育；纵向对比，课题组育人跨越了不同年代，培养过"70后""80后""90后"，"00后"也整装待发。马克思曾言："每个人的自由发展是一切人自由发展的前提。"不同背景、不同年代的学生也注定各擅其长，各有所短，团队在学生入学时引导学生接触学科前沿，自主进行生涯规划，并为每一名学生制订科研规划；导师以全程跟进、事必躬亲的指导，确保每位学生得到最适合自己的发展培养意见，确保课题进展、生活学习不偏航；在科学研究中，导师将自身发展与学生发展紧密联系，教学相长、共同进步。正是构建了这样良好的导学关系，团队真正充满活力、充满干劲。

最后，团队坚持发挥导师主体角色功能，构建了坦诚交流、高效融洽、情感融通的和谐导学关系。研究生导师不仅是研究生科研路上的领路人，更是研究生健康成长成才的守护人。《研究生导师指导行为准则》中明确指出，导师要"落实立德树人根本任务，加强人文关怀，关注研究生学业、就业压力和心理健康，建立良好的师生互动机制"。而作为研究生，在心智成熟的年龄拥有了关系密切的指导老师，无异于将自己置于一种"强社会关系"之中。在这段关系里，学生作为教师教育活动的客体是相对的、暂时的，而作为自身生活、学习和发展的主体是绝对的、长期的。案例中导师团队始终坚持构建平等、尊重、互信的师生关系，充分了解学生需求，在学习、科研、生活中给予学生温暖的关怀，学生也会与导师分享自己的心路历程，与导师坦诚交流，勇于向导师展现自己，使其在分配科研任务时更能考虑到自己实际能力及特长。学生敢于与导师谈心，既能让导师第一时间了解自己的心理状态和承受的压力，也能缓解自身的压力，得到导师的理解、鼓励和帮助，从而建立起常态化交流机制，建立起情感融通的导学关系。

延伸阅读

课题组内氛围和谐友好，学术气息浓郁。课题组高度重视学生的专业基础能力，研一时安心打磨基础知识，为后续科研打下坚定基础。每年固定会有一次春游和秋游，使大家的学习生活更加丰富多彩。滕老师学识渊博，治学严谨，主讲的"波浪与结构物作用"深入浅出，涵盖了数值计算、实验、解析解计算等各方面。每次组会，老师都会提出很多建议，涵盖了PPT的制作、结果的呈现、研究思路及方向的把控等各个方面。此外，滕老师还特别和蔼可亲，平易近人，每次接受滕老师的指导总有一种如沐春风的感觉。

——团队培养的 2020 级在读硕士生 石同学

研究生的第一年是上课，当时没有别的什么想法，但是两位老师在当时就提前设计了我科研的第一步，这让我比当时还在循规蹈矩上课的同学早了一大步。在研一的上学期，我就完成了我的第一篇 EI 收录论文。在这之后，研二上学期结束时，我又发表了我的第一篇英文论文，这对我来说是一个很大的鼓舞，第一次发觉原来我也能写出英文论文。在这之后，我又参加了上海交通大学的船海暑期学习，看到了外面的世界，世界上前沿的实验室是怎么做科研的，这对当时的我来说是一个很大的激励。后来，我又参加了第 29 届全国水动力研讨会，会上我第一次在学术会议上做报告，最后获得了优秀学生论文荣誉。正是这些一个个的第一次，让我对科研建立了自信。有了这些，使得我后面顺利地发表了两篇 SCI 论文。此外，我还拿到了优秀硕士生、省优秀硕士学位论文和国家奖学金。

——团队培养的毕业生 李同学

2020 年我回到母校参加优博答辩，博士论文也最终获得辽宁省优秀博士论文奖项，我认为这份荣誉属于老师，我的每一步成长都离不开老师的鼓励和坚持以及老师对学生的爱。记得参加优博答辩前夕，宁老师和我修改 PPT 至深夜，这个过程也让我再一次地感受到老师的严谨、认真和追求卓越。

2018 年底，我如期博士毕业。毕业那一刻方知老师对学生的良苦用心是如何真正影响一个人的人生轨迹。博士阶段的学习让我对海洋工程产生了兴趣，使我有了在本领域继续走下去的动力。老师的每一次教导、鼓励和支持都是为了让学生得到更好的锻炼、成长和认可，随着时间的推移，我对这一点感受也愈发深刻。对于老师，唯有诚挚的感谢。

——团队培养的毕业生 赵同学

研一刚来的时候，张老师送给我和同学们每人一本《向前一步》，并且在扉页上写下了对我们的寄语。"You can achieve more than you think"，这是张老师在我的书的扉页中写下的话。每当我感觉科研无法做下去的时候，我总会想起这句话，然后鼓起勇气再试一次。虽然我在研究生阶段很多时候的沮丧是这句话也没办法化解的。但是这个时候，张老师总会把我叫到办公室开始进行"话聊"。在每一次我想"躺平"的时候，张老师都会让我重新鼓起勇气继续在科研的路上前进。

作为张老师的第一届学生，张老师在我们身上倾注了许多心血。带着科研"小白"的我一步步走进科研的大门，教会我如何制图，如何写论文，如何写邮件，如何做研究。很荣幸能够在初入科研的道路上遇到张老师这样一位严谨认真的老师，使我养成了正确的科研习惯。

——团队培养的毕业生 孙同学

（丛培文、张泽远）

案例 19

坚持思想引领，注重文化传承，构建和谐导学文化

◎ 团队名称：建筑与艺术学院多学科协同高品质城市数字营造与设计导学团队

◎ 导师组成员：唐建、蔡军、郭飞、胡文荟、李世芬、高德宏、张宇、陈岩

◎ 在读学生成员：博士生 19 人，硕士生 54 人

案例导读

建筑与艺术学院多学科协同高品质城市数字营造与设计导学团队，由唐建教授、蔡军教授、郭飞教授、胡文荟教授、李世芬教授、高德宏教授、张宇教授、陈岩副教授及多名优秀教师组成导师组，带领近百名博士、硕士研究生，以立德树人为根本任务，服务国家发展大势，注重建筑文化传承，形成了一支学思践悟、实践与发展并重的研究生导学团队。

多年来，团队教师坚持以立德树人为根本，以"三全育人"为核心，围绕着"培养什么人"和"怎样培养人"的根本问题，以国家需求为导向，围绕人才培养机制，结合双一流建设需要，树立"创新、协调、绿色、开放、共享"的产学研协同、多学科交叉、实践与发展并重的理念。团队曾获省级社会科学奖 1 项，教学成果奖 2 项。团队教师先后获得辽宁省本科教学名师称号、辽宁省优秀城乡规划二等奖、辽宁省优秀教材奖等荣誉，为国家战略和地方高质量发展需求、历史文化建筑保护与传承做出了实质性贡献。

案例文本

建筑与艺术学院多学科协同高品质城市数字营造与设计导学团队以"立德树人"为根本任务，全面贯彻党的教育方针，注重培育与践行学生社会主义核心价值观，增强学生历史使命感、社会责任感，提高实践能力。

一、坚持立德树人导向，服务国家大局，做好思想引领

团队教师致力于培养学生的家国情怀，培养学生攻坚克难、责任担当的精神。

团队教师不断加强自身的政治理论学习和师德师风建设，全面落实"立德树人"的根本任务，将思想教育贯穿人才培养全过程，引导学生自觉把个人发展同国家发展结合起来，同时注重加强师德师风建设，通过 3 平台 +1 模式 +1 机制提升导师队伍水平。教人者教己，牢记育人初心和使命，以身作则，为学生起好表率作用。全面推进思政教育，将优秀传统建筑文化传承、重大工程成就和前沿技术深度融合。

团队成员坚持从自身做起，将育人初心融入日常工作中。团队成员坚持以过硬的政治素质、高尚的道德情操、严谨的治学态度、踏实的工作作风、乐观的生活态度来要求自己，不断提高自身综合素质，做好表率的同时，潜移默化地影响学生。例如，团队带头人、建筑与艺术学院院长唐建教授带头践行思想引领工作，

积极探讨建筑学教育的立德树人，建筑教育要以"德才兼备、全面发展"为核心，明晰与建筑行业发展和精神文化相匹配的人才培养定位，建设高水平人才培养体系，弘扬建筑文化之德，传播当代中国文化创新成果，培养知行合一，深入社会懂亲民，修养品德知至善，真正成为有道德、有知识、有能力、和谐发展的"全人"。团队成员蔡军教授多次开展"导师带我学理论"活动，让学生对中国社会主义制度的发展与专业的关系有着更深的理解，将国家需求与专业发展方向相结合，实现个人价值与中国梦的和谐统一。团队成员高德宏教授作为主讲人，开展百年建筑史专题讲座，将建筑史与党史学习相结合，带领学生走进历史建筑，体悟红色历史建筑所蕴含的文化魅力，感受革命先辈在峥嵘岁月中的历史激荡。

二、注重建筑文化传承，推进协同育人，建立知行联动

学思践悟，知行合一。团队成员坚持理论与实践相结合。注重建筑文化传承，深入研究本土本地建筑与文化，弘扬建基民族精神的中国传统文化哲学思想，立中国建筑教育之德。

团队成员以强烈的历史使命感和责任心，为大连历史文化建筑保护与传承做出了贡献。团队中多名研究生在导师的带领下，测绘完成数十栋大连历史建筑，全面整理了大连开埠之前建筑历史遗存，通过对明清时期宗教建筑研究及抢救性勘察测绘，补全了在殖民时期之前大连在建筑史研究上的空白，研究成果多次在国际会议上报告发表，为弘扬中华民族优秀建筑文化做出了贡献。对一批保护性建筑进行风貌判别、结构检测、价值判断等，并借助信息化手段构建大连历史建筑文化遗产数字化平台；通过对大连地区不同历史时期方城、山城等形制研究，提出修缮设计方案和保护策略；为辽宁省历史文化名城创建、城市更新规划出谋划策。

面向国家战略和地方高质量发展需求，参与编制国家、地方基础性标准和专

项规划10余项。多名博士生面向城市高质量发展战略，对比查阅、翻译大量国外文献，进行大量现场实测和问卷调查，走访地方政府与大型骨干企业深入调研技术痛点，总结发展需求和趋势，通过激烈竞争成功协助导师申请到多项重要标准，包括地方标准9项、国家标准3项，为行业和地方经济发展做出重要贡献。

三、潜心学术科研精神，响应脱贫攻坚，紧密跟踪前沿

团队成员以国家和地方重大需求为导向，带领学生潜心学术科研，与行业发展趋势相衔接，紧密跟踪行业前沿。

积极响应国家扶贫攻坚战和乡村振兴战略。团队研究生跟随导师大力传承和发掘地域文化，立足东北、辐射全国，服务乡村振兴，高水平推动建筑设计内涵发展，先后免费完成大连土门村、裴屯村改造及复州城镇总体规划等美丽乡村建设项目；为大连理工大学定点扶贫单位云南龙陵设计黄龙玉博物馆、规划龙陵县职业高级中学校园改扩建等，为提升村镇人居环境品质，促进经济发展做出了贡献；编制大连普湾新区地方旅游规划、农宅设计标准，开展乡村科普和技术人才培养，为地方社会经济发展出谋划策；获得国家重点研发计划"村镇社区分类识别评价与空间优化技术"支持；所完成的项目受到CCTV13、CCTV2等国家级媒体跟踪报道。

导师团队强化自身建设，导学相长，唐建教授获辽宁省哲学社会科学奖、辽宁省教学成果奖，蔡军教授获辽宁省教学成果奖，郭飞教授获辽宁省本科教学名师称号、辽宁省优秀城乡规划二等奖、辽宁省优秀教材奖。团队研究生在教师的悉心指导下，潜心科研，勇攀学术高峰，凝练出一大批高水平学术成果。紧密跟踪国际国内学术前沿，团队中多名研究生在学科国际国内顶级、中科院一区期刊、卓越期刊等发表20余篇学术论文，积极参加国内外学术会议和学术组织，为大工设计和研究成果发声，成果被多本重要期刊和知名学者引用。团队中多名研究生

在国内外高水平竞赛屡获佳绩，展现了大工建艺学子的良好风貌。

案例成效

1. 2021 年，郭同学，指导教师：陈老师，第十一届榜样大工自强不息奖。
2. 2021 年，张同学，指导教师：唐老师，大连理工大学优秀硕士论文。
3. 2021 年，赵同学，指导教师：郭老师，辽宁省优秀硕士论文。
4. 2020 年，许同学，指导教师：陈老师，辽宁省优秀硕士论文。
5. 2020 年，金同学、王同学，指导教师：王老师、苏老师，第九届 CTBUH 国际学生高层建筑设计竞赛第四名。
6. 2019 年，张同学，指导教师：高老师，中国人居环境设计学年奖铜奖。
7. 2019 年，吴同学，指导教师：张老师、范老师，2019UIA-霍普杯国际大学生建筑设计竞赛一等奖。
8. 2019 年，南同学，指导教师：郭老师，第五届中联杯国际大学生建筑设计竞赛优秀奖。
9. 2018 年，张同学，指导教师：高老师，第十六届亚洲设计学年奖铜奖。
10. 2017 届－2021 届，累积 20 人次获得优秀研究生。

导师团队寄语

同学们，我国城市正处在从高速发展向高质量发展的历史时期，设计能够创造美好生活，将对实现我国"两个一百年"奋斗目标，实现中华民族伟大复兴的中国梦起到重要的作用，同学们应胸怀远大理想，厚植家国情怀，把小我融入大我，为人民奋斗，为祖国奉献，努力成为担当民族复兴大任的时代新人。我们一起共同努力用设计为城市宜居和高质量生活环境努力！

案例分析

习近平总书记就研究生教育工作做出的重要指示及李克强总理做出的批示为当代研究生教育工作指明了前进方向。研究生教育在培养创新人才、提高创新能力、服务经济社会发展、推进国家治理体系和治理能力现代化方面具有重要作用。要高度重视研究生教育，推动研究生教育适应党和国家事业发展需要，坚持"四为"方针，瞄准科技前沿和关键领域，深入推进学科专业调整，提升导师队伍水平，完善人才培养体系，加快培养国家急需的高层次人才，为坚持和发展中国特色社会主义、实现中华民族伟大复兴的中国梦做出贡献。案例中的多学科协同高品质城市数字营造与设计团队就是一支具有"尊师重教、敬业爱生、教学相长、和谐互助"导学文化的优秀导学团队，其在促进研究生导学团队齐抓共管、形成合力方面的丰富经验为研究生教育工作提供了有益启示。

首先，团队坚持立德树人导向，筑牢理想信念之基，形成思想引领内动力。多学科协同高品质城市数字营造与设计团队坚决贯彻落实《教育部关于全面落实研究生导师立德树人职责的意见》和《研究生导师指导行为准则》等系列文件精神，"立德，是指确立崇高的思想品德；树人，是指培养高素质人才。""树人"是"立德"的结果，"立德"是"树人"的途径。团队教师以"立德先立师，树人先正己"的严要求、高标准来武装自己，造就了一支学高身正的导师队伍。团队教师通过定期开展组会、导师带我学理论、师生纵向党支部的党日活动等，把思想引领落到实处，成为实施价值观引导的关键力量，潜移默化地帮助学生提升自我，做到以德立身、以德立学、以德施教，恪守学术道德规范，增强社会责任感。导学团队成员强化思想引领内动力，涌现多个德才兼备、具有吃苦耐劳和奉献精神、自强不息的榜样，获评榜样大工等多个奖项。郭同学患有马富西综合征，自幼身残志坚,但性格乐观坚毅,心怀感恩,视师友为和璧隋珠,自强不息,在极度艰难条件下完成学业并发表顶级期刊论文。许维超同学赴青海支教一年,为祖国边疆贡献青春力量。毕业生苏昱同学,毕业后远赴内蒙古,一直在从事蒙古地方民居节能关键技术研究,其研究成果已被应用于当地乡村规划建设生产中。毕业生艾孜买提·阿里木江同学,放弃多个东部发达省份大型国企的邀约,主动回到家乡新疆,为建设祖国边疆贡献力量。团队成员不断发挥思想引领的内动力,服务于立德树人的伟大事业。

其次,团队秉承强烈的历史使命感和责任心,建立知行联动体系,保持文化传承的续航力。中华优秀传统文化已经成为中华民族的基因,植根在中国人内心,潜移默化影响着中国人的思想方式和行为方式。中华优秀传统文化是中华民族的精神命脉,是涵养社会主义核心价值观的重要源泉,也是我们在世界文化激荡中站稳脚跟的坚实根基。建筑作为一种文化的载体,是传承文化的"容器",坚持文化传承,服务以文化人的时代任务。该导学团队测绘完成数十栋大连历史建筑,全面整理了大连开埠之前建筑历史遗存,补全了大连殖民时期之前建筑史研究空白,为弘扬中华民族优秀建筑文化做出贡献。团队成员不断提高文化传承的续航力,致力于协同育人的联动体系。

最后,团队坚持服务国家大局,紧密跟踪学术前沿,凝聚潜心科研的战斗力。团队坚持让科学研究面向国家需求,将个人理想融入社会进步。导学团队把沉甸甸的家国情怀融入人才培养和科学研究的创新实践中,将论文写在祖国大地上、把学问做进人民心坎里,对科学事业的追求因为与国家发展民族命运的结合倍显光彩。团队研究生基于团队实际科研项目,通过团队教师们的悉心指导,积极响应国家扶贫攻坚战和乡村振兴战略,为定点扶贫单位云南龙陵设计黄龙玉博物馆、龙陵县职业高级中学校园改扩建规划等,为提升村镇人居环境品质,促进经济发展做出了贡献；编制大连普湾新区地方旅游规划、农宅设计标准，开展乡村科普和技术人才培养，为地方社会经济发展出谋划策，完成的项目受到CCTV13、CCTV2等国家级媒体跟踪报道。面向国家战略和地方高质量发展需求，参与编制国家、地方基础性标准和专项规划10余项。科研成果应用于实践产生良好经济和社会效益，获得大量工程勘察设计专业奖项。团队成员在教师的悉心指导下发表20余篇学术论文，获国内顶级赛事霍普杯竞赛金奖、亚洲设计学年奖等诸多荣誉。团队成员不断增强潜心科研的战斗力，笃志于不断拼搏的科研精神。

延伸阅读

没有人能无师自通学会科研的全流程，导师是每一个做科研的学生都非常需要的人。尤其对于建筑学这样的学科，从本科学习设计手法转换到研究生学习科研方法，这种转变是巨大的，面临的挑战也是巨大的，需要导师循循善诱地引导。团队的老师们在培养科研人才方面具有前瞻性和创造力，多学科协同和数字营造无疑更多地激发了学生的团队协同能力与全面性。一方面，学生在科学研究中不会被本科学习的内容束缚；另一方面，也培养了学生设计实践结合理性分析的匠人能力。

——团队培养的毕业生、现团队成员 张同学

自本科始便与陈老师（陈岩老师）结识，漫漫求学之路上，老师给予了我无私的帮助和充分的支持。从陈老师这里学习到的虚怀若谷做人、严谨求是做学问、踏实认真做事使我在学术和工作受益终身。陈老师带领我们研究的方向是地下空间室内设计，老师从论文研究方向、论文选题、文章结构、研究方法等方面悉心

指导，整体把关；曾在论文取得部分的研究成果时给予我肯定和鼓励；也曾在研究进入瓶颈和自我怀疑时给我坚持的勇气。世有伯乐，然后有千里马，老师倾注的心血让我在学业困惑时刻找到方向。传道授业解惑，老师是我的榜样。

——团队培养的毕业生 郭同学

跟随李老师（李世芬老师）学习以来，除了日常科研，还一同探讨乡村振兴的路径，在每次所会中一起迸发新的思想火花。老师就像母亲一般对待所里的每一个学生。中秋节给留校的同学准备水果和月饼，冬至带大家一起吃饺子，每一个在学校度过的节日从来不会感到孤单；疫情封校期间嘱咐我们科研进展的同时，时刻不忘关心我们的生活，大家在一起就像家人一样温暖。

——团队培养的2017级在读博士生 赵同学

"道阻且长，行则将至，行而不辍，未来可期。前方的路会有曲折，但也充满希望。"用习近平总书记的这句话来形容科研道路也是恰如其分的，而这句话也是"多学科协同高品质城市数字营造与设计导学团队"所坚信的。尽管课题研究难度大，但是团队内依然对于这一课题的未来充满希望，科研热情也从未减弱过。当我们面对困难因无助而感到气馁时，老师们总会及时出现解答我们的疑惑，与我们探讨所发现的问题，引导我们走出现有的困境。在这个团队的带领下，我相信纵使路途漫长充满险阻，但坚持不懈地走下去，美好的未来终将到达。

——团队培养的2019级在读博士生 许同学

从入学之初的不知所措，到现如今在科研路上的小有收获，这离不开导学团队中各位老师对我的指导，建筑、城市规划、艺术设计看似关联甚微的三个学科，在各位老师多方沟通、对我们频繁指导的情况下，"多学科协同"变得顺理成章，这不仅让我们看到了多学科合作的优势，也为我们学生的科研方法拓宽了思路，比如我现在的毕业论文便是关于建筑与艺术设计相互关联的研究思路。在这个亮点显著、集聚各学科顶尖大师的导学平台中，作为学生我得到了难得的锻炼和提升，相信在未来的学习和科研中，我们必然是满载而归的！

——团队培养的2020级在读硕士生 焦同学

（郭飞、王加冕）

案例 20

做学生科研之路的好导师和人生旅途的引路人

- ◎ 团队名称：化工学院碳素材料与能源化工导学团队
- ◎ 导师组成员：于畅、王治宇、邱介山、赵宗彬、周颖、肖南
- ◎ 在读学生成员：博士研究生 28 人，硕士研究生 45 人

案例导读

化工学院碳素材料与能源化工导学团队隶属于大连理工大学炭素材料研究室，创建于 1997 年。团队面向能源材料化工的学科发展前沿及国家在能源材料化工技术领域的重大需求开展科研工作，全体成员秉承"追求卓越、止于至善"的理念，坚持"做前人未做之事"的创新精神，在材料化工、能源化工、环境化工、等离子体化学与化工、催化等多个领域开展了系统深入的创新研究。在学生培养方面，团队以立德树人为根本，秉持"四有好老师"的标准，坚持做学生人生旅途的指路人。

案例文本

一、思政为先，坚持立德树人、以德为先的育人理念

团队教师始终牢记"教书育人、敬业爱生"的宗旨，深知教师既是学生学术之路的导师，更是学生人生旅途的领路人。引导和教育学生踏实做人、认真做事成为团队的第一要务。团队将红色基因教育放在首位，积极支持团队学生担任党支部书记等职务，以点带面开展组内党建工作。从学生进入团队伊始，团队教师就利用各种机会，与全体学生在不同的层面细致交流，引导学生"系好人生第一粒扣子"。教师结合自身的学习和工作经历，广征博引又深入浅出地阐述学生如何成就更好的自己的方式方法，分享自己的人生经验和感悟，对学生提出建议和期望，激励学生全方位提升自己的能力和素质，不惧困难、迎难而上、砥砺前行。在育人方法上，团队始终坚信润物细无声是思政工作的"捷径"，团队教师以身作则，坚持正确的价值观，从科研育人、实践育人、网络育人、文化育人、心理育人、资助育人、组织育人、管理育人、服务育人等方面浸透德育思想，用"话聊"等方式走近学生内心，形成了独具特色的"走心"的育人方式。

二、用心用情，营造宽严有度、严肃活泼的团队氛围

新生入学会、老生和新生交流会、国外留学归来经验交流会等，是化工学院碳素材料与能源化工导学团队始终不可缺少的一个环节，一年一度的滨海路之行、CS大战、新年联欢、茶话会等团建活动是实验室成员永远不变的约定。为表彰实验室中在科研、学业中取得优异成绩的成员，以及为实验室的发展做了大量服务和突出贡献的成员，实验室还设立了优秀研究生奖、优秀学生标兵等。在师生之间教学相长、学生之间互帮互助等方面，团队实施传帮带的制度，新生能够快速融入大家庭，并能够快速地实现从本科生到研究生的转变，在最短的时间内完成

课题组成员的互动和融合，大大提升了集体"作战"的能力。此外，团队引导学生追求多姿多彩的大学校园生活，激发学生对生活、对国家、对学校和科研工作的热爱。团队格外注重学生的身心健康，每周组织一次体育锻炼，并要求全员参与，以此提高团队凝聚力，团队篮球队多次代表材料化工系取得奖项。同时，团队内部定期举办团建活动，每年冬天固定的扫雪活动，更是在团队学生心中播下社会责任感的种子，科研之余不忘奉献服务。

三、追求卓越，培养党和国家需要的高层次拔尖创新人才

团队以"面向工业界、面向未来、面向世界"的工程教育理念为总的指导思想，以工程教育改革的新途径——新工科为导向，全面发展学生和培养创新性人才。团队鼓励学生在科研工作中敢为人先，瞄准学科的世界前沿及行业技术领域的关键科学问题攻坚克难，全力解决行业的"卡脖子"问题。团队坚持"没有条件就创造条件开展一流工作"，鼓励和支持学生在学习期间不断追求卓越，并推荐学生到世界顶尖学府和科研院所，如牛津大学、斯坦福大学、加利福尼亚大学伯克利分校——劳伦斯国家实验室、瑞士联邦理工学院、佐治亚理工学院等访学和联合培养。团队优秀的学术基因，使团队源源不断地培养了一批又一批优秀的毕业生，科研工作不断取得创新成果。数年来从团队走出了一批又一批青年才俊，其中不乏中组部"万人计划"科技创新领军人才，国家基金委"优秀青年"基金获得者，教育部"青年长江"学者，中组部"青年千人"，全国"百篇优秀博士论文"获得者等。团队培养的优秀学生，活跃在国内大型央企和国企、设计院、国际跨国公司等，在各行各业辛勤耕耘着，为科技强国不断做出贡献。

案例成效

1. 培养国家优秀青年科学基金 3 人，青年千人计划 2 人，万人计划 1 人，青年长江学者 1 人。
2. 博士生李永峰获全国百篇优秀博士论文奖。
3. 博士生杨晓敏获得国际催化青年科学家奖，被评为大连理工大学首届博士生"十大学术之星"（建校 60 周年）。
4. 王治宇老师获辽宁省优秀博士学位论文奖，全国百篇优秀博士论文提名奖。
5. 连续 3 人次（凌铮、刘绍鸿、杨卷）获辽宁省优秀博士论文奖。
6. 学生赵昌泰获辽宁省优秀博士论文提名奖。
7. 学生黄华伟获辽宁省优秀博士论文奖。
8. 连续 7 人次（万武波、刘绍鸿、杨卷、孟祥桐、黄华伟、李少锋、郭威）获大连理工大学博士生学术之星。

导师团队寄语

优秀是一种习惯，优秀的人始终有位置，你们永远是师／校之骄傲，家／国之栋梁，永远地祝福你们在学习、科研和未来的工作岗位上，百尺竿头更上一层楼，祝愿你们健康快乐！万事顺意！

案例分析

研究生导学团队是研究生教育与培养的重要载体，化工学院碳素材料与能源化工导学团队始终把"立德修身，潜心治学，开拓创新""把为学、为事、为人统一起来""当好学生成长的引路人"作为建设遵循，面向重大国家战略需求，培养具有全球化视野、创新能力和社会责任感的一流科技人才。

一、明主业、心科研

团队教师坚持围绕立德树人根本任务培养团队的研究生，以国家和社会的需要为基础，以国际领先为标准，做到学有所用、学以致用。将不畏艰难、敢于突破作为前进的方向，以实际科研成果报国，以强大自己的国家为最终目标。

团队教师在材料与化工学科人才培养方面具有强烈的责任感，努力让学生从科研实践过程中得到锻炼并且成长，快速成为一名优秀的科研工作者。团队指导的研究生每一届均有国家奖学金的获得者。在指导过程中，以层层递进的科学教学方法为基础，培养学生严谨科学的科研态度，坚持认识真理、了解真理、运用真理的科研正确方向。在读博士生肖剑的论文获得大连理工大学博士生论坛星熠奖，团队研究生余金河获得研究生国家奖学金、大连理工大学学术之星提名奖、辽宁省优秀毕业生等称号。

二、亦师亦友促进共同进步

团队教师长期以来言传身教，以优秀的品质、高尚的情操感染团队成员。通过一对一谈话聊发展方向、定期组会话理想信念、团建活动悟国家建设与传统文化等，在潜移默化中引导学生将个人成长成才的人生理想融入国家民族的发展洪流中，用知识和技术回报社会。

团队注重培养学生积极向上的心态，建立"亲如家人、亦师亦友"的师生关系，团队教师会积极主动地通过线上线下各种形式与研究生交流，学生们遇到各种问题时也会随时"敲开"老师们的门，同学之间更是在互帮互助，比学赶帮中建立了深厚的友谊。这种师生之间、同学之间的亲厚情感，一直延续于毕业生之间，去向各科研领域的毕业生也会以课题合作等多种形式共同为科技发展、国家建设贡献力量。

三、勤奋是通往成功的阶梯

团队在培养研究生的过程当中，秉持着勤奋这一重要思想。团队在研究生培养的过程中，始终重视对科研诚信和学术规范的督导。团队教师通过规范自己的科研行为，提高自身的科研素养，切实影响研究生的学术态度，培养研究生对科学不断探索的精神；对于每名学生在科研数据、实验方法、论文写作等方面的学术科学性和准确性进行严格把控，很好地培养了研究生求真、求实、精益求精的科学态度，也进一步培养了研究生分析、辨别和批判不正确的学术思想和政治思想的能力，避免他们陷入茫然、迷惑的状态。

团队重视培养学生的实践能力，加强产学研结合，团队与正大能源材料（大连）公司有着密切的合作，经常送团队研究生前往实习，培养学生求真、务实的优秀道德品质，实现教学过程与生产过程的有效对接，锻炼学生的动手实践操作能力。同时，团队对学生的科研基础十分重视，组内有多名研究生从本科开始就已经在实验室从事科研实验，在博士、硕士研究生的指导下完成了大量的基础实验，为之后的科研工作夯实了科研基础。

延伸阅读

团队在邱老师的带领下，秉承"追求卓越、止于至善"的理念，坚持"做前人未做之事、洋人未做之事"的创新精神，争做一流科研团队。邱老师常常告诉大家："优秀的人永远有位置，优秀是一种习惯。"这激励着我们在科研生活中高标准、严要求，努力做一流的科研，做一流的自己！在这种科研氛围中，团队蒸蒸日上，成果丰硕。

——谭同学

碳素材料研究室给我提供了一流的实验设备与严谨的科研氛围，课题组老师能够及时就我的研究方向提供卓有成效的指导建议，因而我的实验研究以及论文写作能够高效率地完成。

——刘同学

优秀的科研队伍，往往是勤奋的、积极的、阳光的，在于老师的带领下我们小组科研氛围浓厚，师兄弟姐妹情谊深厚，形成了良好的反馈循环效果。同时，在课题方向实验进展方面，老师又不遗余力地对我们进行指导帮助，言传身教。同组的同学之间相互帮助，相互鼓励，形成积极向上的科研风气。能够在这样的课题小组中学习，我感到十分开心与荣幸。

——刘同学

入学以来，我深深地感受着邱老师的引领与激情，以及于老师对科研的执着与热忱。在邱老师的带领下，团队成员们踏实勤奋，聪慧肯干，展现出了大工学子的好学与自信。为了共同的团队目标，我们在不知不觉中学会了相互包容，相互支持，相互学习和相互鼓励。

——倪同学

碳素材料研究室是一个积极向上，充满温暖和正能量的团队。实验室的各位老师平易近人，待人接物谦逊有礼；生活上对我们关爱备至，嘘寒问暖，督促我们做好体育锻炼，爱惜身体，节假日里组织踏青、海烧、蹦床、真人CS、做饭等活动，与我们打成一片，让大家在紧张的科研实验之余得到身心的愉悦。同时各位老师工作态度勤恳务实，学术态度严谨细致，悉心指导实验开展，不厌其烦地一遍遍与我们讨论工作进展、修改文章等，老师们的科研视野敏锐开阔，与我们及时讨论、分享文献和开会聆听报告中的可学习借鉴之处。感谢老师们为大家营造了一个温暖、积极向上的科研学习氛围，激励大家奋发向上，不断进步。

——余同学

（于畅、王子豪）

后 记

本书以案例汇编的形式呈现大连理工大学优秀研究生导学团队的事迹，内容鲜活，可读性强，具有一定的借鉴意义和参考价值。编者希望本书能够在"导师思政"的探索与实践中迈出小小的一步，为高校研究生导学团队的建设和发展提供借鉴，为研究生教育事业尽绵薄之力。

大连理工大学化工学院苗青、周峰，建设工程学部于洋等20名研究生辅导员为本书前期收集资料做了基础性工作，在此一并表示感谢！

特别感谢大连理工大学出版社的编辑们，她们对待编辑工作认真严谨的态度令我们深受感动，同时也给予我们很多建设性意见与建议，帮助我们顺利完成书稿的后期工作。

由于精力及水平有限，本书不足之处在所难免，欢迎各位专家、老师批评指正。

本书编写组

2022年7月